我们一起解决问题

区块链行业融合发展应用丛书

区块链与产业创新

打造互联互通的产业新生态

BLOCKCHAIN AND INDUSTRIAL INNOVATION

井底望天　蒋晓军　相里朋　刘纯如 ◎ 主编

人民邮电出版社

北京

图书在版编目（CIP）数据

区块链与产业创新：打造互联互通的产业新生态／井底望天等主编. -- 北京：人民邮电出版社，2018.12
ISBN 978-7-115-49985-1

Ⅰ. ①区… Ⅱ. ①井… Ⅲ. ①电子商务－支付方式－研究 Ⅳ. ①F713.361.3

中国版本图书馆CIP数据核字(2018)第244282号

内容提要

经过近两年的发展，区块链技术如何落地，如何与产业进行深度融合，这已成为业界普遍关心的话题。那么，区块链技术如何与产业融合，促进产业创新，构建产业新生态呢？这就是本书的立足点，也是本书想要解决的问题。

本书站在科技发展的前沿，紧扣国家政策，对区块链与产业的融合创新进行了深入阐述，力求为行业发展提供可行性的指导建议。首先，本书阐述了区块链技术的诞生、发展及所面临的挑战；然后以电子发票、新零售、物流及供应链管理、防伪溯源、物联网、分布式能源等产业为例，阐述了区块链技术驱动产业创新的具体解决方案；其次，本书阐述了区块链技术如何优化传统大数据、重构云计算和物联网等热点话题，为构建全新的产业生态提出了有效的方案；最后，本书讲述了区块链技术与人工智能、加密经济学等多个领域的融合，以及运用区块链技术构建新一代监管体系的相关内容。

本书适合政府、企业、科研机构、金融机构的人员以及高等院校相关专业的师生阅读。

◆ 主　　编　井底望天　蒋晓军　相里朋　刘纯如
　　责任编辑　张国才
　　责任印制　焦志炜

◆ 人民邮电出版社出版发行　北京市丰台区成寿寺路11号
　邮编　100164　电子邮件　315@ptpress.com.cn
　网址　http://www.ptpress.com.cn
　固安县铭成印刷有限公司印刷

◆ 开本：700×1000　1/16
　印张：14.25
　字数：150千字
　　　　　　　　　　　　　2018年12月第1版
　　　　　　　　　　　　　2018年12月河北第1次印刷

定价：69.00元

读者服务热线：(010)81055656　印装质量热线：(010)81055316
反盗版热线：(010)81055315
广告经营许可证：京东工商广登字20170147号

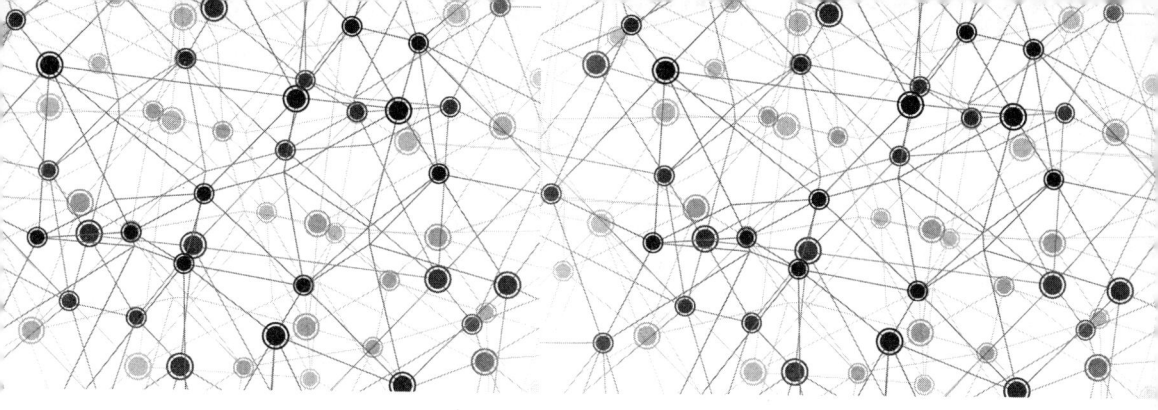

本书编委会

主　编　井底望天　蒋晓军　相里朋　刘纯如

副主编　陈清怡　徐翊华　顾善清　吴建仁

编　委　杜若冰　朱　立　徐　欧　彭仁夔　袁　英　卢耀光
　　　　　　王　庆　陆广治　韩保文　崔永生

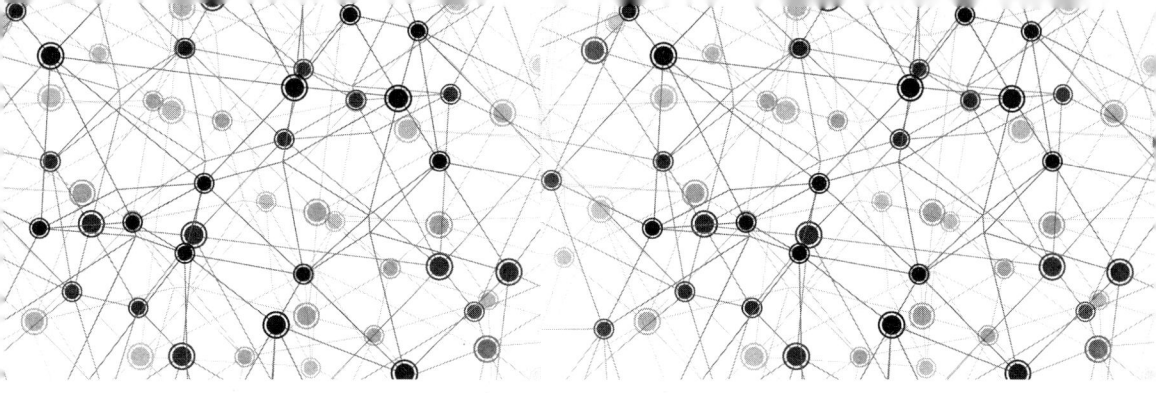

推荐序一

区块链具有去中心化、分布式共享、共识信任、难以篡改等特点,能够在缺乏相互信任的主体之间实现协同记账,被誉为下一代价值互联网的基础技术。革命性的技术和组织关系必然伴随着经济基础的重大调整,以怎样的眼光审视区块链的发展,是所有真切关注产业良性发展的仁人志士必须面对的重大问题。

经济基础的升级与优化

区块链的革命性潜能主要表现在技术层面和制度层面。

就技术层而言,区块链已经被用于各类金融交易场景,代替各种需要信任的第三方机构,在交易双方之间建立起点对点的信任。由于区块链的信任传递能力,区块链能够用于支付清算、数字票据、资产数字化、证券登记与交易、保险、供应链金融、网络借贷、征信、电子存证、身份认证、隐私保护、物联网、数字版权管理等丰富多样的领域,发挥基于技术的信用创造功能。这些场景都有许多先行者和创业公司已经开始探索推进,尽管规模和进展不一,但都展现出区块链的巨大潜力。在非金融领域,"如何解决信任问题"是各个行业的核心要义。传统信任的建立往往需要通过公权力机构或特定授权机构背书,才能取得社会的一致信任。区块链所具有的去中心化的信任机制，将对这一领域的模式产生颠覆性的影响。

就制度层面而言，区块链的技术性特征仅是其革命性潜能的一个部分，其真正可能改变人类社会生产组织形式的是区块链系统中 Token 经济的激励模式。Token 一词本身虽然意蕴丰富，但主要还是来源于计算机用语，存在名不副实之处。即使 Token 能在英文世界内暂时使用，作为 Token 翻译的"通证""令牌"更缺准确性。进一步而言，我国对区块链的实践和研究极为丰富，外来概念、国外研究已经不适应我国的国情，我们更需要站在自己的立场，提出地地道道的中国理论，以适应区块链引起的变革。我们团队提出了"共票"的概念，"共"即凝聚共识、共筹共智；"票"即支付、流通、分配、权益的票证。共票追求的是实质上的共享，要通过制度的变革和机制的创新来打倒垄断资本。共票藉由区块链、人工智能、大数据、物联网等新兴技术将投资者、生产者、消费者三者紧密融合，减少了交易成本，一定程度上降低了信息不对称，引导金融科技服务实体经济，尤其是数字经济。

"监管溢流"宜疏不宜堵

笔者多次参与了央行等监管机构重大政策的探讨与制定。总体来说，以央行为代表的监管层正在加强对区块链和"数字货币"等新业态的监管力度。诚然，任何创新在其发展走向成熟之前都会面临阵痛与波动。新势力如浩浩江流，宜疏不宜堵。违背社会客观需求的粗放式监管，只会导致"监管溢流"的负面效应凸显。笔者曾指出"数字货币"存在七大风险：第一，"数字货币"交易平台缺乏合法经营牌照；第二，价格虚高；第三，涉嫌洗钱和逃避外汇管制等不法行为；第四，涉嫌传销与诈骗；第五，内幕操纵；第六，技术与信息安全

风险;第七,暗网交易。

当前"数字货币"行业在风险淤积的同时,也缺乏监管。一方面,"数字货币"等区块链金融应用的分布式技术特性,以及"数字货币"当前热门的应用领域ICO,与传统融资模式的"脱媒"特性不同,导致其绕开金融监管,实现了资金的外循环。另一方面,在2017年9月央行禁令出台后,诸多"数字货币"交易所转而注册至海外,继续向境内金融消费者提供"数字货币"交易服务,使境内金融消费者获得保护、维权变得更加困难。针对"数字货币"交易平台和ICO出海的现实,监管机构应当加强监管,坚决打击恶性犯罪行为。对于涉嫌犯罪的ICO项目及"数字货币"交易,如涉嫌传销类犯罪、证券类犯罪,以及操纵市场、虚假陈述或恶意诈骗等,根据刑法的属人管辖原则和保护性管辖原则,坚决依法追究相关行为人的刑事责任。此外,监管机构需要加强账户监管,坚决打击线下黑色转账;加强外汇监管及穿透式监管,开展跨境监管合作,建立黑名单制度,等等。对各类"数字货币"的整顿清理,不能简单地被认为是打压或利空区块链,我们要厘清区块链与监管的关系。区块链未来的健康发展离不开适当的监管机制,区块链领域不能存在监管恐慌,而是要理性看待监管的积极作用。

适度的监管有利于行业的发展。监管必须根据区块链技术的发展,不断调整以适应不同阶段的要求。在区块链技术尚未成熟时,监管应着力服务于区块链行业的健康发展,防范可能存在的风险。

浪潮退去,裸泳者无处遁形。在我国监管落地之际,"数字货币"投机之风偃旗息鼓之时,区块链的未来呼唤诚心正义的开拓者和奋进者,亟待能够帮助产业未来定基确调的智力成果出现。《区块链与产业创新》是一本富有成效的佳作,书中对区块链技术层面和具体应用场景的深度结合体现了作者对区块

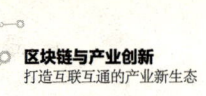

链去伪存真、落地实践的深刻思考，全面展现了对区块链未来的殷切希冀和高瞻格局。同时，本书不仅在产业实践的细分领域内认知独特，而且对区块链在物联网等领域的相关应用介绍也非常翔实，值得各位读者一读。

中国人民大学金融科技与互联网安全研究中心主任

杨东

2028年10月12日

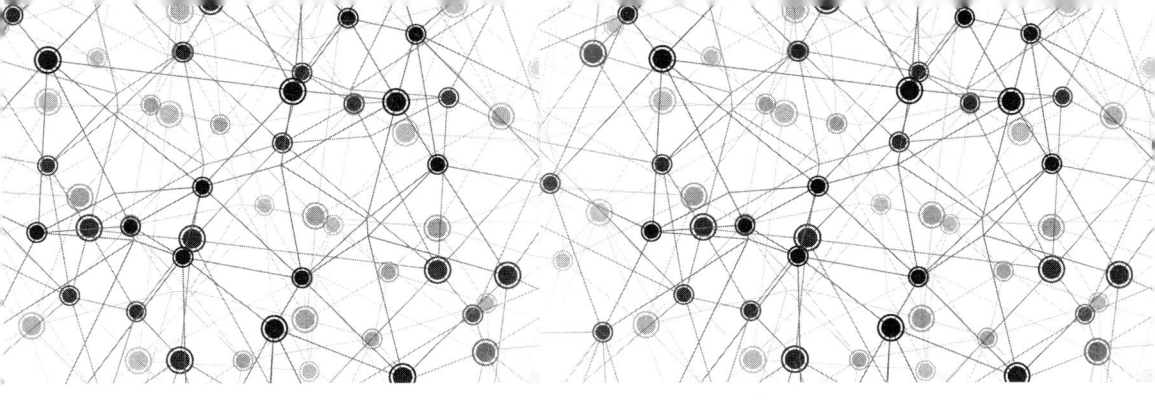

推荐序二

近两年区块链行业的大爆发,展示了区块链技术的蓬勃生命力,也预示着区块链对传统领域带来巨大改变的无限可能。站在区块链与产业结合的角度,区块链技术已经不需要自证是否有用,通证(Token)的价值和威力也一举颠覆了人类的固有认知。传统产业对区块链抱有非常大的期待,越来越多的企业在探索产业应用与区块链结合的机会。

但是,前段时间的一项统计表明,前100名的区块链项目中有60%没有落地。为什么会造成这种结果呢?

第一,最重要的原因是技术问题,这也是最基本的原因。特别是那些"白皮书"项目制定的目标非常宏大,本来只是做行业某一方面的应用,却拔高到想要做一条全新的区块链底层链,然后把整个行业装进来。其实,区块链底层技术本身还是很有难度的,要让行业项目方开发一条完整的区块链底层链出来,必须要有在行业应用方面的独特技术创新,并且能够实现稳定运行。这显然不是一般行业应用团队可以实现的事情。

第二,区块链在融资方面的创新带来了很多问题,走到了另一个极端。传统项目的融资需要项目方在长期苦心经营、经过非常大的努力之后才能融到钱,但ICO什么都没做,或者只做了很少的事就能融到大量的钱。钱来得太多、

太容易，对于很多项目的早期参与者和项目方来讲，他们马上就可以退出项目去休息，项目的发展和推进很可能已经不再是首要目标了。

第三，过早地让通证进入二级市场流通，锚定的通证价值不再是基于项目本身，而是基于各种炒作、各种预期、各种合法或非法的手段，造成通证价格剧烈变动，完全脱离了项目本身的运作。这对于项目的发展明显是一种负面影响。

区块链技术本身有难度，再加上区块链融资模式负面影响的共同作用，造成了目前区块链应用落地困难的局面。但从另一方面来看，"产业应用＋区块链"的发展空间是十分巨大的。很多产业应用方有成熟的商业模式，本身也自带了相当大的业务流量，但由于它们对区块链的认知比较弱，也缺乏进入区块链领域的有效助力，所以还完全没有加入进来。

区块链的产业应用模式有两种：无币区块链应用和有币区块链应用。无币区块链应用是把区块链当作一种纯粹的技术，利用区块链去中心化、公开透明、难以篡改等特性来改造现有的应用。这种应用方式对于某些行业来说是行得通的，例如，非盈利机构的捐款记录。有币区块链应用是指在运用区块链技术的同时，进一步发挥出通证的作用。很有可能这种方式才是未来区块链应用的最终形式。当然，在这个过程中要避免不合法的融资和炒作陷阱。

目前，区块链技术的发展还处于比较初期的阶段，类似百家争鸣的春秋时期。墨客吸取了以太坊的一些技术经验，加上独到的创新，采用了分层架构，解决了分片、存储、跨链和一些其他技术难题。墨客的优势体现在整个架构、流程、生态方面，覆盖范围很大。

未来区块链的发展肯定会有个阶段是由一两家区块链平台占据主导的位置，其他平台可能会消失，但技术不会消失，它们的技术会以某种方式嫁接在主导平台上。例如，用子链的方式作为一个服务而存在。三到五年之后，剩下的平台可能很少，甚至只有两到三个。

《区块链与产业创新》一书立意新颖,突破了过去已有的写作思路,从实体产业的角度引发读者思考,并以很多具体的实践案例供读者借鉴。可以说,几位作者确实颇费心思。他们本身也是实战派,用自己在行业中的长期积累为读者提供很有价值的经验分享。因此,本书值得细细阅读!

墨客区块链科技公司 CEO

陈小虎

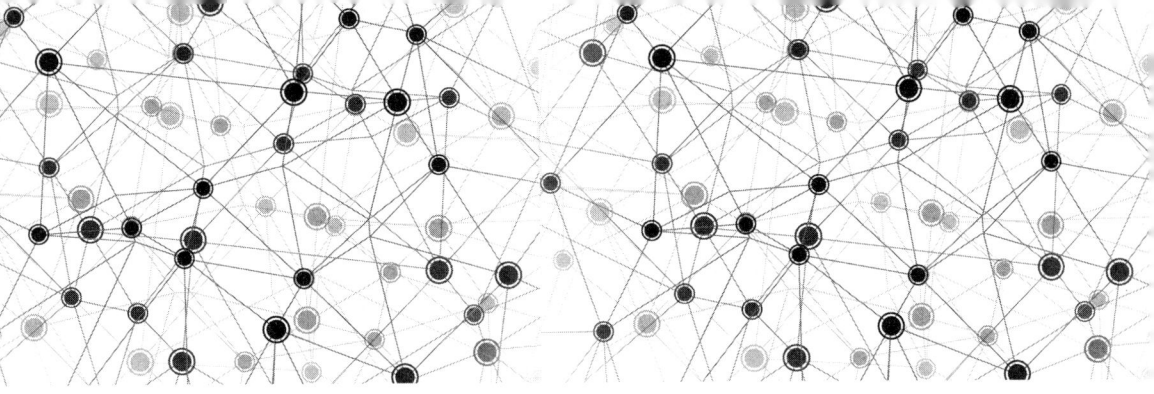

推荐序三

首先感谢本书编委顾善清女士邀请我为本书作序。我本人在计算机行业学习与研究也有近10年的经历,后来从事企业战略方面的研究,有幸接触到区块链技术,并对其应用产生了浓厚的兴趣。虽然有关区块链的话题很热,区块链的发展被寄予了巨大的期望,但是我在接触到市面上的一些区块链项目后,却发现绝大多数区块链项目都是在套概念。不夸张地说,90%以上的项目属于两种情况:一种情况是自我标榜为区块链,却和区块链完全无关;另一情况是很多项目虽然采用了区块链的概念,但是完全没有必要使用区块链,因为现有的其他技术能做得更好。

区块链给人们的生活带来了巨大的便利。过去,我们需要依靠大型的有公信力的机构作为中介来提供认证服务,如阿里巴巴等,以帮助人们建立信用关系。这些机构并没有提供某种有形的产出,主要通过中介服务抽取佣金,却积累了非常高额的利润。它们的主要客户是广大的中低收入者,也就是在"赚穷人的钱"。这些中心化的大公司垄断了信用认证和信息交换的渠道,一定程度上让社会的两极分化愈发严重,贫富差距不断加大。可见,技术发展似乎并没有让生活更美好。

最近的一个新闻提到Facebook将其用户信息出售给其他公司,用以分析用户的行为、偏好,从而获得商业利益。区块链技术的出现,能够将商业巨头们原本从普通用户身上攫取的利益返还给用户。用户原本就应该享有自身各类数据的所有权，进而分享这些数据带来的利益。区块链提供了实现这个确权和分享过程的技术手段。

很多人看到比特币等虚拟"数字货币"在金融层面的去中心化，其实信息的去中心也有非常重要的意义，它能够有效推动社会的可持续发展。就我国当前的实际情况而言，消费者对外国品牌的信任普遍高于国产品牌。那么，能不能通过区块链技术来让我国的优质品牌得到更多消费者的信任呢？例如，食品溯源上链、防伪上链。同时，业界还应思考如何利用区块链技术促进更多的国产品牌不断提升品质，真正实现产业升级。

一言以蔽之，解决了信任问题，就能解决非常多的社会问题，人类社会必将更加美好。区块链技术在未来将会发挥独特的作用，增加人与人的信任，让数据领域更加透明，减少对中介机构的依赖，降低社会成本。所以，区块链技术的应用前景不可估量，发展趋势不可阻挡。现阶段需要有更多的人去了解和使用它，从技术、商业模式、应用规则等多个方面入手，找到适用的场景。

本书首先对区块链技术做了详细的介绍，然后对区块链的应用场景做了实用的描述，能为相关领域的读者提供思路，也能给其他领域的专家带来应用的启示。可以说，本书的写作和出版非常及时，它正是当前产业界亟需的一本指南。

最后，各位读者在了解区块链技术及应用的过程中，不妨也思考一下更高层次的问题。例如，区块链给社会带来的可能的变革，尤其是在全球化与可持续发展方面，使用区块链技术能解决的更多问题。

英国诺森比亚大学纽卡斯尔商学院终身讲席教授
英国剑桥大学可持续领导力学院院士（Fellow）

熊榆

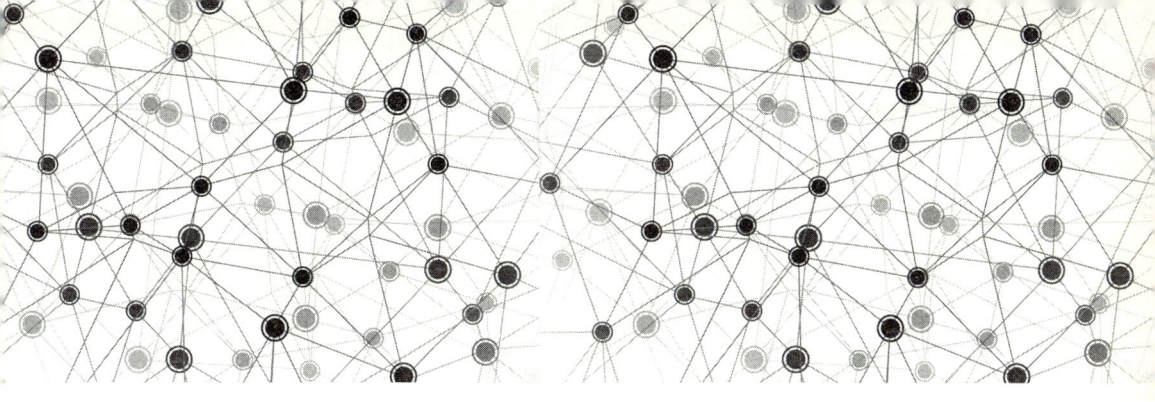

| 目 录 |

第1章 区块链：新技术革命的起点 \1
1.1 人类新一代通用技术的希望 \3
1.2 从区块链到比特币 \9
1.3 区块链技术的数字属性 \13
1.4 区块链技术的金融属性 \15

第2章 区块链发展现状、挑战及展望 \19
2.1 国内外发展现状综述 \21
   2.1.1 国外区块链发展现状 \21
   2.1.2 国内区块链发展现状 \22
2.2 区块链技术发展路径 \23
   2.2.1 区块链1.0 \23
   2.2.2 区块链2.0 \24
   2.2.3 区块链3.0 \25
2.3 区块链技术架构 \26
   2.3.1 区块链核心层 \26
   2.3.2 区块链服务层 \33

2.3.3 区块链用户层 \36

2.4 当前区块链面临的挑战 \38

2.4.1 区块链应用的四个层次 \38

2.4.2 区块链应用落地面临的主要问题 \39

2.4.3 推进区块链健康发展的思路 \43

2.5 对区块链技术的未来展望 \45

第3章 新一代区块链技术的发展 \49

3.1 提升区块链系统性能的尝试 \51

3.2 侧链 \53

3.2.1 侧链技术原理 \53

3.2.2 闪电网络和雷电网络 \55

3.3 分片 \56

3.3.1 比特币的 UTXO 账本模式 \56

3.3.2 以太坊的智能合约 \57

3.3.3 分片技术原理 \59

3.3.4 Zillqa、以太坊和墨客 \59

3.4 分层 \63

3.4.1 分片的瓶颈 \63

3.4.2 分层技术原理 \64

3.4.3 墨客的分层技术 \65

3.5 子链 \66

3.5.1 子链技术原理 \66

3.5.2 以太坊子链 \67

3.5.3 墨客子链 \68

3.6 跨链技术 \70

    3.6.1 跨链的缘由 \70

    3.6.2 Polkadot 的跨链技术 \71

    3.6.3 0x 协议跨链技术 \73

    3.6.4 COSMOS \74

    3.6.5 墨客跨链技术 \75

第4章 区块链促进产业创新 \79

4.1 区块链电子发票 \81

    4.1.1 电子发票行业发展现状 \81

    4.1.2 电子发票行业的痛点 \82

    4.1.3 区块链解决方案 \84

    4.1.4 行业展望 \89

4.2 新零售 \90

    4.2.1 零售行业背景 \90

    4.2.2 传统零售渠道的痛点 \91

    4.2.3 区块链解决方案 \94

4.3 物流及供应链管理 \96

    4.3.1 传统物流行业背景 \96

    4.3.2 物流行业的痛点 \98

    4.3.3 区块链解决方案 \99

4.4 防伪溯源 \105

    4.4.1 防伪溯源行业背景 \105

    4.4.2 防伪溯源行业现状和痛点 \106

    4.4.3 区块链解决方案 \109

4.5 公共卫生服务 \114

4.5.1 公共卫生服务行业背景 \114
4.5.2 公共卫生服务行业的现状和痛点 \115
4.5.3 区块链解决方案 \117

4.6 物联网 \119

4.6.1 物联网行业背景 \119
4.6.2 物联网行业痛点 \120
4.6.3 IOTA 解决方案 \122
4.6.4 IOTA 的应用场景 \125
4.6.5 行业展望 \127

4.7 跨链交易 \128

4.7.1 跨链交易行业背景 \128
4.7.2 中心化交易平台的痛点 \129
4.7.3 去中心化平台解决方案 \130

4.8 娱乐游戏 \135

4.8.1 游戏行业背景 \135
4.8.2 游戏行业痛点 \137
4.8.3 区块链带来的变化 \139
4.8.4 去中心化区块链游戏应用 \141
4.8.5 游戏行业展望 \143

4.9 分布式能源 \144

4.9.1 分布式能源的定义及优势 \144
4.9.2 我国分布式能源的现状 \145
4.9.3 分布式能源行业的痛点 \146
4.9.4 能源互联网：区块链带来的革命 \148

4.9.5 行业展望 \150

第 5 章 区块链构建产业新生态 \153

5.1 区块链优化传统大数据 \155
5.1.1 当前大数据存在的问题 \155
5.1.2 区块链技术带来的变化 \157

5.2 区块链重构云计算和物联网 \158
5.2.1 从云计算到雾计算 \158
5.2.2 当前物联网存在的问题 \159
5.2.3 雾计算与区块链融合下的新一代物联网 \160
5.2.4 未来物联网的新挑战 \162

5.3 区块链即服务：BaaS \164
5.3.1 链改之难 \164
5.3.2 BaaS：安全、可靠、易用的区块链服务平台 \165
5.3.3 BaaS 平台生态 \166
5.3.4 未来展望 \170

5.4 DApp 链接各行各业 \171
5.4.1 DApp 的定义 \171
5.4.2 DApp 与传统 App 的差别 \172
5.4.3 DApp 的潜在优势和存在的问题 \172
5.4.4 DApp 的应用类型 \176
5.4.5 未来展望 \177

第 6 章 区块链融合未来 \179

6.1 区块链和人工智能生命体 \181

6.2 加密经济学 \184
    6.2.1 密码学机制建立的信任关系 \185
    6.2.2 经济学激励机制建立的通证经济 \187
    6.2.3 未来的商业业态 \188

6.3 区块链社区 \190
    6.3.1 区块链开源项目社区 \190
    6.3.2 区块链社区的发展方向 \193
    6.3.3 依托区块链机制的社区治理① \194

第7章 区块链构建新一代监管 \197

7.1 对隐私数据的监管 \199
7.2 对"虚拟货币"的监管 \200
7.3 对风险集资提示的解读 \202
7.4 对业务模式的监管 \203

第1章
区块链：
新技术革命的起点

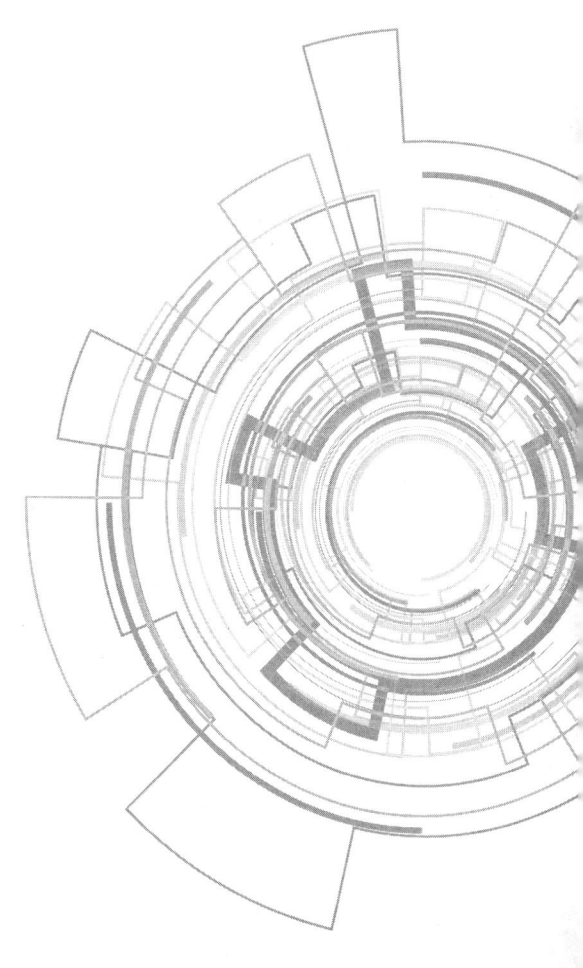

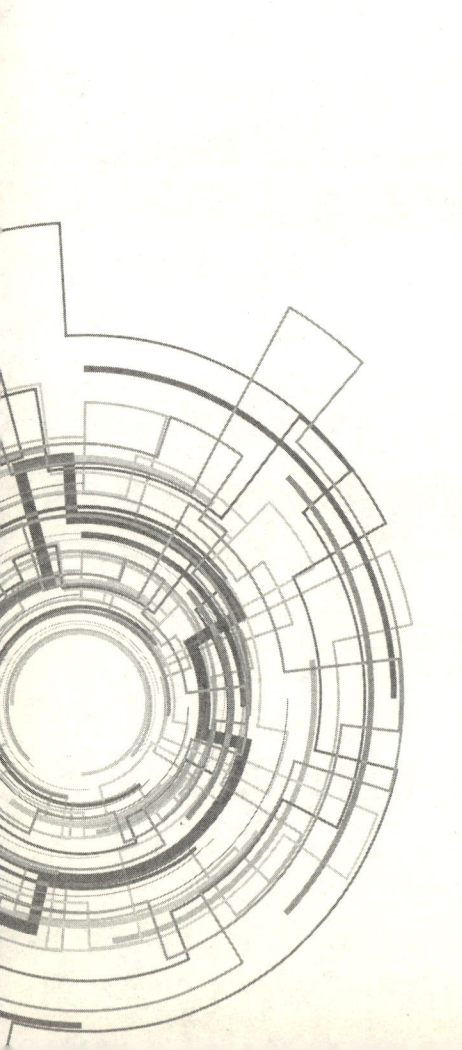

1.1 人类新一代通用技术的希望

自从18世纪60年代英国发生第一次工业革命以来，人类已经经历了三次产业革命。2008年全球性金融危机的发生意味第三次产业革命的能量已经接近释放完毕，各工业化国家必须加快新一轮科技研发和产业革命的步伐。2013年4月，德国"工业4.0小组"在汉诺威工业博览会上正式提出了"工业4.0"的概念。在这之前，德国政府已经于2010年7月正式通过了《思想·创新·增长——德国2020高技术战略》。而在此前后，美国、英国、日本、韩国等也纷纷制定了相应的国家战略。我国也于2015年4月提出了《中国制造2025》，以期实现产业升级，在新一轮产业革命中占据有利的位置。

在人类科技史上有一类重要的技术，它能够被应用于广泛的领域，产生持久的影响，从而彻底改变人类社会的生产方式，改变个人和家庭的生活方式，并改变连接生产和消费的商业运作模式。这类技术被称为通用技术（General Purpose Technology，GPT），其具有以下共同的特征：

（1）普适性，即该项技术具有广泛的潜在用途，并能够在整个经济中得到广泛的实际应用；

（2）长期可改进性，即技术本身能在较长时期内实现持续的改进；

（3）创新互补性，即该项技术在改进过程中能够不断地产生溢出效应，与其他技术相结合，从而提升技术本身的规模报酬；

（4）颠覆效应性，即该技术的应用最终将引发社会生产和生活模式的基础性变化。

工业革命以来，能够称得上通用技术的并不多，比较典型的有五个，分别是蒸汽动力、电力、内燃机、个人电脑和互联网。

蒸汽动力

蒸汽动力的广泛应用是第一次工业革命的标志性特征。1763年开始开发的瓦特蒸汽机在传统蒸汽机的基础上做出了重要改进，从而成功地开启了蒸汽动力在工业上的应用时代。蒸汽机以水蒸气为工质，将煤炭中蕴藏的化学能按一定的热循环方式转换成机械能。蒸汽动力的广泛应用给人们的生产生活带来了巨大的影响。一方面，相对于人力、畜力等，它大大提高了工具使用的效率，并使大型机器的制造和使用成为可能；另一方面，相对于水力、风力等，它摆脱了这些自然力资源在地理上不可转移的限制，使工业生产得以集中化和规模化。

瓦特蒸汽机是第一个获得广泛商业成功的蒸汽动力装置。此后，各种更加精巧和复杂的蒸汽动力装置被发明出来，在石油、天然气等非煤炭化学能、核能、地热能及太阳能等能源的利用上得到普遍应用。而在工质选择上，也从最初的水蒸气向其他物质拓展。

瓦特蒸汽机的第一个应用场景是在煤矿的抽水泵上。后来经过不断改进，瓦特蒸汽机在陶瓷厂得到了应用，此后又在纺织业、冶金业、造纸业等工业部门得到了广泛应用，并使机器制造业成为一个重要的经济部门，为蒸汽船、火车的发明奠定了基础。正是因为能够高效、持续地使用蒸汽动力，围绕着大型机械的大型工厂得以产生，大型的工业城市也开始出现。工业资本发展成为所有类型资本中的主导力量，同时使企业家替代了封建时代的武士和封建主，开始成为历史的主角。为了寻找更好的工作机会，农民纷纷涌入城市、进入工厂、成为工人。从此,人类从农业文明进入工业文明,城市化成为不可阻挡的历史潮流。

电力

如果说第一次工业革命在能源上的主要特征是蒸汽动力的利用,那么第二次工业革命在能源上的主要特征就是电力的发明和应用。1875年,法国巴黎建成了第一座用于照明的火电站。从此,电力这种二次能源供给方式使人类能源的生产和消费系统发生了革命性的变化,人类历史从蒸汽时代跨入了电气时代。

在电气时代,从生产端来看,能源的生产变成了发电。从最早的火力发电(通过燃烧煤等燃料)、水力发电,到后来的核能发电、太阳能发电、风力发电、潮汐能发电、氢能发电等,人类通过把自然界的能源转化为电力,极大地提高了能源的利用效率和范围。电力生产出来以后,再通过输电、变电、配电系统传输到用户端,从而形成了一个完整的能源网络。从消费端来看,由于电能的高泛用性,电力很快成为现代社会的必需品,在方方面面都得到了应用,不管是普通的工业生产、商业经营、交通通信网络,还是人们的日常生活,都已经离不开电了。

电力对人类社会的深刻影响在其最初的应用——照明上得到了很好的体现,如果没有电力所带来的照明,大部分人一到晚上就仍将生活在黑暗之中。目前,电力对人类生产生活的渗透仍在深化。例如,随着化石燃料日益减少和环境污染的日益严重,电动汽车又开始受到人们的重视,并在2008年以后日益成为一个重大的热门投资领域。

内燃机

第二次工业革命的另一个重要表现是内燃机的发明和应用。

将热能转化为机械能的机器有两种,一种是外燃机,另一种是内燃机。前者主要指蒸汽机和汽轮机，它的燃烧过程发生在发动机外部，热能通过工质进入发动机内转化为机械能。而后者的燃烧直接在发动机内部，工质被加热后膨胀做功，热能转化为机械能。两者比较，后者对燃料的要求更高，主要适用燃料汽油或轻柴油，缺点是单机功率不易提高、环境污染较严重等。但其优点也是明显的，即热效率高、比重量（内燃机重量与其标定功率的比值）小、操作简便、运维简单。相对于缺点，内燃机的优点是更主要的，特别适合应用在汽车等交通工具上。

从19世纪70年代德国发明家奥托发明第一台往复活塞式、单缸、卧式、3.2千瓦的四冲程煤气燃料内燃机时起，内燃机就成了交通工具的发动机，使人类交通领域发生了革命性的变革。19世纪80年代，本茨和戴姆勒发明了以汽油机为动力的汽车，从此开启了汽车工业时代。发展至今，汽车产业已经成长为除房地产以外，链条最长、产值最大的产业。汽油车的发展带动了内燃机车、远洋轮船、拖拉机、装甲车和飞机等的制造和使用，同时也使石油开采与炼制业迅速发展起来，并引发了基于石油炼制的化学工业的发展。因此，内燃机的发明极大地拓展了人类的活动范围，也给人类的生活带来了很多便利。

20世纪50年代以后，人们日益注重环境保护，20世纪70年代又出现了严重的世界石油危机，这些都促使内燃机技术的研究转向高效节能及开发利用洁净的代用燃料。在汽油机和柴油机的基础上，以天然气、液化石油气、甲醇、乙醇、合成汽油、合成柴油、二甲醚和氢气等为燃料的内燃发动机被开发出来。其中，氢燃料汽车以其完全无污染、热效率高等优势成为未来汽车发展路线的一项重要选择。

个人电脑

计算机是第三次工业革命的产物。1946年2月，美国军方定制的电子数字积分式计算机（ENIAC）在美国宾夕法尼亚大学问世，这标志着世界上第一台电子计算机诞生了。如果说蒸汽机、内燃机让人类得以自由地利用外部的能源，增强自身的力量，那么计算机则让人类得以利用外部的计算能力，增强自身的思考力。如果说前者实现了人手的延伸，那么后者则实现了人脑的延伸。

随后几十年，计算机的硬件不断趋向于小型化和集成化。20世纪70年代，美国硅谷诞生了世界上第一台微处理器，从而开启了个人电脑时代。原来的计算机一般应用于科学计算、事务管理、过程控制等领域，当个人电脑时代到来以后，计算机走进家庭，变成了普通人的生产工具和娱乐工具。计算机的应用领域也拓展到了设计、教育、娱乐等各个方面。同时，个人电脑的发展也促成了半导体等电子产业的兴起。另外，为了配合计算机的深入应用，软件系统也得到充分的发展。

就计算机技术的未来而言，一方面，在CPU方面，目前的半导体技术已经进入7nm时代，接近了半导体制造的物理极限；另一方面，量子计算的进一步发展有望开辟出一条新的计算机发展之路，从而摆脱传统硅处理器的限制。量子计算机一旦正式实现商用，相对于传统计算机，将使人类的计算能力再一次实现飞跃。

互联网

20世纪60年代末期，美国军方的ARPA(阿帕网，美国国防部高级研究计划署)项目和美国国家科学基金会资助建设的NSF网开启了计算机联网时代。这两个项目都属于公共领域的项目，前者是为了实现军事信息的共享，后者是为了实现科研信息的共享。为了共享计算机上的资源，20世纪70年代早期，瑟夫等科学家开发出了TCP/IP协议，定义了计算机如何接入因特网以及数据如何在计算机之间传输的标准。20世纪80年代末至20世纪90年代初，蒂姆·博纳斯-李和欧洲粒子物理实验室的一些研究者开发出了基于超文本协议的互联网信息服务系统，这个协议后来被称为万维网。万维网通过统一资源标识符，建立了一个全球网络资源统一的认证系统。作为一种访问Internet上资源的有效工具，万维网出现以后迅速被推广开来，从而推动了互联网在商业和家庭中的普及。

互联网的发展是建立在计算机硬件基础上的。简单地说，计算机实现了对信息的高效处理，而互联网则实现了对信息的高效传输。如今，互联网已经成为人类进行信息传输的一种主要方式，它具有成本低、速度快、不受空间限制、可以即时互动的特点，而且信息交换能以多种形式实现，如文字、声音、图片、视频等。正是互联网产业的高速发展，推动了电子商务、数字娱乐等数字产业的高速发展。2018年5月，全球市值排名前10的公司中，有6家是互联网公司，其中前5位全部是互联网公司，分别是Alphabet、微软、亚马逊、腾讯、Facebook，阿里巴巴名列第7位。

互联网的发展大大促进了数字经济的发展。根据"互联网+"指数估算，2017年我国的数字经济体量为26.7万亿元人民币，较去年同期的22.77万亿元增长了17.24%。数字经济占GDP的比重由30.61%上升至32.28%。而且，互联网对传统行业的生产和销售模式也带来了很多改变，例如，电子商务的快速发展就是一个很明显的变化。

虽然互联网的发展仍在继续，但总体而言，它在技术上已经成熟，在应用上也已经非常普及，很可能已经到了中后期。那么，在互联网之后，有什么技术能够成为新一代通用技术呢？目前已经出现并有望成为新一代通用技术的候选技术有6种，分别是人工智能、区块链、智能物联网、量子计算、清洁/可持续能源和虚拟现实/增强现实。

从近代史来看，国家之间的竞争说到底是现代产业的竞争，也就是新科技的竞争。在新一轮科技革命和产业革命的历史关口，谁掌握了新科技及其应用的主导权，谁就在未来的全球竞争中占据了优势地位。从这个意义上说，未来围绕着上述潜在的通用技术，各国之间将发生激烈的竞争，这个竞争涉及人才团队、监管环境以及资本整合的方方面面。区块链技术及其应用就是其中之一。

1.2 从区块链到比特币

2007年，美国次级抵押贷款大面积违约，引发了所谓的"次贷危机"。在这场危机中，次级抵押贷款机构纷纷破产，投资基金被迫关闭，股市剧烈震荡。到2008年，流动性危机开始爆发。3月14日，美联储决定通过摩根大通公司向贝尔斯登提供应急资金，以缓解该公司的流动性短缺危机。而这家成立于1923年、名列华尔街第5位的投资银行，也成为自1929年美国经济大萧条以来第一家接受美联储紧急注资的非商业银行金融机构。美联储救助的依据是如果贝尔斯登破产，将在相当大程度上引发系统性风险。贝尔斯登在金融系统中所具有的这种系统重要性，后来让人们记住了一个词——大而不能倒。两天以后，摩根大通宣布收购濒临破产的贝尔斯登。在这次收购中，美国纽约联邦储备银行为摩根大通提供了300亿美元的特别融资。贝尔斯登虽然避免了破产的命运，但次贷危机仍在蔓延。9月7日，美国政府宣布接管两大住房抵押贷款融资机构，号称"第二美联储"的房利美和房地美试图以此挽救房地产市场，遏制住危机的蔓延。然而，仅仅一个多星期后，即9月15日，美国第四大投行雷曼兄弟由于巨额亏损，在政府拒绝提供担保、英国巴克莱银行和美国银行相继退出收购之后宣布申请破产。这家成立于1850年的老牌投行曾躲过了四次倒闭危机，终于没有躲过第五次。雷曼兄弟的破产引发了金融市场全面的流动性危机。9月16日,美联储宣布授权纽约联邦储备银行借贷850亿美元给AIG(美国国际集团),美国政府以此换取AIG 79.9%的股权。这家历史可以追溯到1919年的公司是美国最大的保险公司,到2009年3月2日,美国政府累计向其提供了约1820亿美元的救助资金。2009年1月1日,美国第三大投行美林公司被美国银行收购。一年之间,美国五大投行只剩下两家。

在市场面临全面危机的情况下,美国政府不得不大规模救市。2008年7月30日,美国国会通过了《住房和经济恢复法案》,宣布拨款3000亿美元在联邦住宅管理局的管理下成立专款专用基金,为40万个逾期未缴贷款的家庭提供担保。10月3日,时任美国总统布什签署了《紧急经济稳定法》,决定出台问题资产救助计划(TARP),即授予美国财政部7000亿美元的资金额度,用于购买和担保金融机构问题资产,以救助当时处于危机中的金融机构,恢复金融市场稳定。

7000亿美元的问题资产救助计划,这个20世纪30年代"大萧条"时期以来美国政府规模最大的金融救助方案出台后不到一个月,即10月31日,一位自称中本聪(Satoshi Nakamoto)的技术专家在一个隐秘的密码学讨论组上公布了一篇论文——《比特币:一种点对点式的电子现金系统》(Bitcoin: A Peer-to-Peer Electronic Cash System),完整阐述了一种既不依赖交易双方私下信任,也不依赖第三方信用担保而得以运行的"电子货币"系统的原理。这篇论文导致了比特币的出现,并宣示了互联网区块链时代的到来。

当然,金融危机不是一夜之间爆发的,而是有个漫长的酝酿过程,这个过程和美国的金融自由化、美联储的货币宽松政策以及主要基于房地产贷款的复杂金融衍生品过度发展有关。同样,比特币系统得以运行,其背后的区块链技术也有一个漫长的探索和积累过程。区块链技术中的很多核心概念都产生于一个叫作密码朋克(Cypherpunk)的网络社区。

1992年，蒂莫西·梅（Timothy C. May）、埃里克·休斯（Eric Hughes）与约翰·吉尔摩尔（John Gilmore）共同发起了密码朋克邮件列表组织。这个组织相信密码学和软件的作用，宣扬信息空间内的个体精神，提倡给文件强加密来保护个人隐私，并致力于强加密系统的开发和使用。

1997年，密码朋克成员哈伯和斯托尼塔提出了一个用时间戳的方法保证数字文件安全的协议。具体地说，就是用时间戳的方式表达文件创建的先后顺序。协议要求在文件创建后，其时间戳不能改动，这就使文件被篡改的可能性为零。可信时间戳由算力时间源来负责保障时间的授时和守时监测，任何机构包括时间戳中心自己也不能对时间进行修改，以保障时间的权威性。用加盖时间戳的方法来保证数字文件安全性的协议，实际上就是后来比特币所采用区块链协议的原型。区块链技术继承了其去中心、防篡改、高透明的特点，成为继传统互联网之后的一项革命性技术。

回过头来看，比特币只是区块链技术的一个特殊应用，区块链技术本身可以有更多更灵活的应用。这种应用就像互联网一样有望渗透到各行各业中，从而对当前的经济关系产生重大的变革。当然，区块链这个概念之所以出名，还是因为比特币系统的出现和长时间有效运行的验证。而比特币的出现，除了时间戳技术以外，还需要工作量证明机制、点对点网络技术等的发展。同样，这些技术对区块链协议来说也是不可或缺的。

1997年，密码朋克成员亚当·贝克（Adam Back）发明了哈希现金（Hashcash）算法机制。贝克的目的是为了解决电子邮件的可信问题，他的思路是所有的电子邮件在发送之前都需要运算一个数学题，这样发送大量垃圾邮件就会产生巨大的成本。后来，这个思想被哈尔·芬尼（Hal Finney）借鉴来设计可重复的工作量证明机制。最终，工作量证明机制即PoW共识机制被中本聪用到比特币中，完美地解决了拜占庭问题。

1998 年，密码朋克成员戴伟（Wei Dai）提出了一个匿名的、分布式的"电子加密货币"系统构想。在 B-money 提案中，戴伟提到，"高效的合作需要有一个交换（金钱）的平台以及确保合同执行的方法……本文提出的这项协议提供了交易的平台以及确保合同执行的方法，使不可追踪的匿名参与者能够更高效地合作……"戴伟的这个想法实际上成为比特币系统的思想先导。B-money 提案是中本聪在设计比特币系统时参考的第一篇文章，而且中本聪在设计比特币系统时和戴伟有很多邮件交流。另外，从比特币的名称——BitCoin 也可以看出，它想要达成的目标和 B-money 是一脉相承的。

1999 年，密码朋克成员肖恩·范宁（Shawn Fanning）与肖恩·帕克（Shaun Parker）开发出了点对点网络技术。他们当年创建的 Napster 几乎颠覆了美国的音乐市场，后来因为法律的原因一蹶不振。肖恩·帕克后来成为 Facebook 的创始人之一，而 P2P 技术则导致了去中心化网络系统的出现。

2009 年 1 月 3 日，在比特币"白皮书"公布两个多月后，首个实现比特币算法的客户端程序被开发出来并实现首次"采矿"，比特币金融体系正式诞生。中本聪认为，金融机构引发了金融危机，却不用承担相应的责任，甚至可以要求政府的救助，这种金融制度是不合理的。因此，创造比特币的初衷就是想通过建立一套数学算法来排除支付体系中第三方金融机构的参与。这体现了密码朋克社区的共同价值观，实际上代表了以硅谷为标志的高科技界对以华尔街为标志的传统金融界把金融业从由服务实体经济主街（Main Street）的辅助行业变成了吸血实体经济的吸血鬼（Vampire）行业的反抗。这种主街反抗华尔街，从后来美国的 99% 反抗 1% 到占领华尔街运动，再到 2016 年美国总统大选期间代表华尔街的希拉里受到反华尔街的桑德斯的阻击，都可以看到其影响，未来仍将是影响美国社会的一大矛盾。

比特币一出现就引发了美国金融界的恐慌，而美国政府以及美联储的管理者却看到了比特币背后的技术所具备的革命性意义。所以,政府一开始采取了容忍和观望的态度,而银行则对比特币采取了严厉禁止的做法,只要是和比特币有关的账户就直接封掉。当然,不管人们如何看待比特币,其背后的技术——区块链却由此开始进入人们的视野。正是作为区块链技术的第一个重量级应用,比特币一出现就拉开了区块链元年的帷幕。从此,区块链技术的应用慢慢展现在世人面前。确切地说,从 2015 年初开始,比特币系统背后的区块链技术开始凸显出其价值,围绕区块链的技术和商业应用也开始迅猛地发展起来。

1.3 区块链技术的数字属性

数字属性是区块链技术的第一重属性,也可以说是它的自然属性,包括以下两个方面。

首先,从互联网和区块链两者的关系来看,区块链技术是建立在计算机网络即传统互联网基础上的。如果说传统互联网是信息互联网,属于互联网 1.0 时代,那么区块链就是建立在传统信息互联网基础上的可信互联网,属于互联网 2.0 时代。信息互联网是建立在计算机基础上的技术,它用统一的语言将计算机硬件连接起来,从而实现计算机间信息的互联互通;可信互联网是建立在互联网 1.0 基础上的技术,它用一套区块链协议所定义的机制来生产、传输、存储信息,从而使互联网上的信息变得真实可信。当然,不管是互联网 1.0,还是互联网 2.0,传输的都是数字信息,基于其上的技术当然都是具有数字属性的。

其次,区块链是通过建立一套数学算法来确保体系里非中心化信用机制的有效性,其中以非对称加密为核心。因此,它本身就带有数字属性。在中本聪看来，之前的金融系统存在三个问题。第一，借助第三方机构来处理信息的模式拥有点与点之间缺乏信任的内生弱点。第二，中介机构的存在增加了交易成本，限制了实际可行的最小交易规模。第三，数字签名本身能够解决"电子货币"的身份问题，如果还需要第三方支持才能防止双重消费，则系统将失去价值。如何用技术来解决上述问题？除了要用到前面提及的时间戳技术、点对点网络技术等，还需要用到非对称加密技术。非对称加密技术产生于20世纪70年代，它依赖于数学算法。

1976年，惠特菲尔德·迪菲（Whitfield Diffie）与马丁·赫尔（Martin Hell）在他们的开创性论文《密码学的新方向》（New Directions in Cryptography）中提出了"公钥加密"概念。在这篇论文中，作者阐述了一个事先互不了解的人们如何利用共享公钥和专用密钥实现安全通信的方法，从而证明了非对称加密以及公钥加密是可行的。

1978年，麻省理工学院（MIT）的罗纳德·李维斯特（Ron Rivest）、阿迪·萨莫尔（Adi Shamir）和伦纳德·阿德曼（Leonard Adleman）提出了另一个非对称加密算法——RSA（三位作者姓氏的首字母）。RSA是首个既可用于数据加密也可用于签名的算法，同时也是目前最流行的公钥加密算法。比特币系统用的正是这种算法。

正是非对称加密技术将"加密货币"（Cryptocurrency）和普通的"电子货币"区别开来。例如，比特币、瑞波（Ripple）币虽然没有得到官方的普遍承认，但它们作为一种数字资产是有其数字属性的，这就好像黄金有它的化学属性一样。黄金的化学属性在于它独特的化学成分，这种成分可以通过化学实验的方法来验证。而"加密货币"的数字属性在于它独特的加密数字，这个数字可以通过数学运算的方法来加以验证。数学运算的手段并不依赖于第三方主体的存在，这就使在互联网虚拟空间中的价值传递变得真实可信。就好像在现实世界中,当我们用现金支付时会把人民币交给对方,对方通过观察确认不是伪钞就可以接收了,这个过程并不需要第三方的参与。而普通的"电子货币",如游戏积分、消费返点等没有比特币这样的数字属性,无法直接验证,就需要网站平台或商家的存在。

当然,如果需要网站平台或商家的存在,也就意味着这个系统需要一个信用中介。而信用中介的存在必然带来对家风险,因为这个信用中介本身存在经营或道德风险。例如,顾客到某商家(如理发店、健身房等)去充值,充值后充值卡里面实际上增加的是"电子货币"。过一段时间,顾客再去店里消费,却发现店铺已经关张了,它有可能倒闭,也有可能是故意搬走了。此时,顾客卡中的"虚拟货币"就没有了。即使银行也是存在这种风险的。例如,欧债危机期间,塞浦路斯银行业体系陷入崩溃,最后 10 万欧元以上的存款陷入减记命运,最高减记比例高达 40%。在这种情况下,一个人存在塞浦路斯银行 100 万欧元,银行当初给了他一张上面写着存款 100 万欧元的存折或一张里面记录着 100 万欧元存款的电子卡,但是等到欧债危机一来却发现只能取出 60 万欧元。这就是对家风险。对于"加密货币"来说,对家风险是不存在的,这是由"加密货币"背后区块链技术的数字属性所决定的。

1.4 区块链技术的金融属性

金融属性是区块链技术的第二重属性,也可以说是区块链技术的社会属性。

人类历史上很长一段时间是用贵金属来充当货币的。"金银天然不是货币,但货币天然是金银",处于自然状态下的金银本来并不是货币,但由于天生就具备充当货币的一些优良特点,社会发展到一定阶段以后自然而然就选择了金银作为货币的载体。金银的优良特点包括：体积小，价值大，运输成本低；容易分割，质量均匀，容易支付；不会腐烂，久藏不坏，容易储藏；具有较高的密度，不易伪造，等等。当然，金银的特点决定了它在农业文明时代和工业文明早期是优良的货币载体，但它并不适应发达的工业文明时代。因此，后来又出现了纸币体系。但是，当人类文明进入互联网时代时，纸币体系也无法满足新的需求了。区块链就是在这样的背景下出现的。

作为一项技术，区块链本身并不是金融，但区块链的技术特点决定了其天然适用于金融领域。为什么这么说？首先，我们要明白金融是什么？很简单，金融就是资金的融通。那么，资金又是什么呢？很多人理解资金是用来充当资本的金银，即货币。那么，货币的本质又是什么呢？传统经济学理论认为货币是从商品中分离出来固定充当一般等价物的商品，其本质就是一般等价物。说到底，货币的本质就是一种代表对一定量的商品或服务直接索取权的凭证。对于这个凭证来说，重要的是数字大小，而不是单位，也不是物。例如，在工业文明兴起后，由于金银产量有限，已经跟不上快速增长的全球经济所需了，因此，银行券即俗称的钞票就开始盛行。到了第二次世界大战以后，布雷顿森林体系建立，除了美元以外，各国货币和黄金脱节，不兑换的纸币正式取代黄金，成为经济生活中的流通手段，人类社会进入纸币时代，亦即法币时代。从贵金属时代到纸币时代，再到后来的"电子货币"时代，都说明从"物"这个角度是无法理解货币的本质的。在纸币体系下，虽然还有表示单位的一些符号，如"镑""元"等，但这些符号本身已经不重要了，真正重要的是代表数量的数字。另外，金银所具有的一些特点，如运输成本低、容易支付、容易储藏、不易伪造等也正是区块链技术容易实现的。

区块链还具有一些金银不具有的优势，因而更适合在金融上的应用。实际上，金融体系中流转的除了货币以外，还有各种各样非货币的权益证明。利用区块链的智能合约功能就可以自由地设计不同性质的权益证明，如传统的债券、股票、可转债、期货等，还可以设计出更灵活的适应不同风险特征和期限结构的权益证明。由于其成本极低，这些证明可以运用到各种组织内部和支付结算环境下，不管多小的组织，不管多微小、多频繁的支付结算环境都将不会成为其障碍。

当然，区块链技术并不依赖金融而存在，它也可以用在其他方面，如公证、投票等，这些方面和金融并没有关系。但另一方面由于区块链所具有的特性和金融高度契合，具有很强的金融属性，因此理论上它在金融上的应用是最适合的。

现实中，由于"加密货币"在一些非法经济领域的应用，各国对区块链在金融上的应用还是比较谨慎的。加上现有技术在交易速度及可扩展性等方面仍有待提升，因此，其金融功能未能充分发挥。但这种状况正在逐渐转变，政府和金融行业已经逐渐认识到区块链技术的革新性价值。

一个典型的案例是2017年9月13日，JP摩根CEO杰米·戴蒙（Jamie Dimon）发声怒斥"数字货币"是"骗局""比郁金香泡沫更糟糕"，终将破灭，并表示任何交易比特币的交易员应该因为愚蠢而被解雇。第二天，JP摩根再发研报，对"加密货币"提出质疑，认为"加密货币"市场与欺诈性"金字塔骗局"类似，最终可能走向终结。由于JP摩根的行业地位，它的这种态度使比特币价格由涨转跌，带动所有"加密货币"齐跌。但实际上，JP摩根一边唱衰比特币，一边却在纳斯达克斯德哥尔摩证券交易所大幅抄底比特币ETN（Exchange-Traded Notes，交易所交易债券）。而且，这次抄底比特币的除了JP摩根，还有高盛、摩根士丹利以及英国的巴克莱银行等。这些金融巨头将比特币作为一个主要资产配置的选项，说明比特币在未来有可能成为一种保值工具，从而取得类似大宗商品的价值存储职能。这也是人们认同区块链金融属性的一种体现。

第 2 章
区块链发展现状、挑战及展望

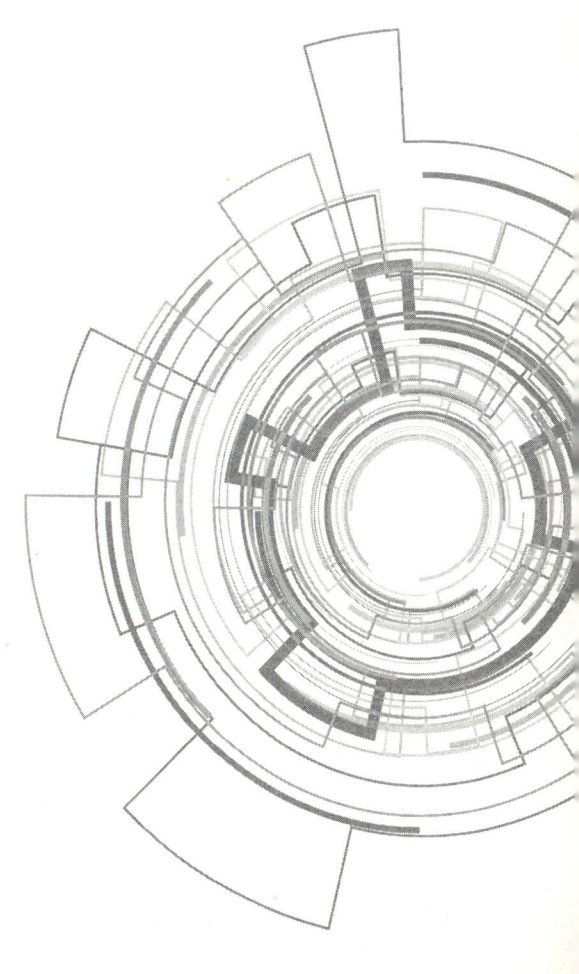

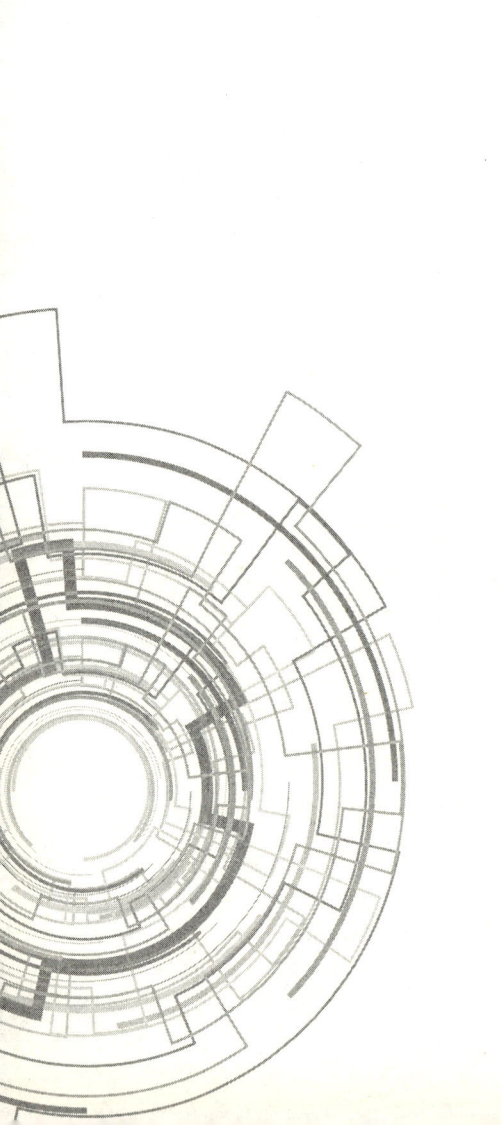

2.1 国内外发展现状综述

世界各国政府、产业界和学术界高度关注区块链技术的应用发展，相关技术创新和应用模式不断涌现。国内外区块链发展处于同一起跑线，业界正从对区块链全面否定与全面推崇的感性认识中逐渐趋于理性，更加专注于探索其潜在的应用价值和商业模式。两相比较，国外注重基础技术演化，国内则擅长业务模式创新。

2.1.1 国外区块链发展现状

国外的区块链发展主要表现在以下几个方面。

（1）主要发达国家纷纷加强政策布局

美、英、日、俄等国家对区块链普遍持支持态度，持续推动区块链技术的研发和产业应用。例如，英国将区块链列入国家战略部署，未来将投资 2660 万美元支持区块链发展；俄罗斯发布"国家区块链项目数据库"，涉及金融、保险、医疗等共计 390 个项目。

（2）国际组织推动底层技术创新

以比特币、以太坊（Ethereum）为代表的区块链开源项目持续推进，智能合约、开源底层系统不断成熟。Linux 基金会于 2015 年发起的超级账本项目（Hyperledger Project）已逐渐形成区块链生态。

（3）重点企业抢先布局

过去三年，区块链领域的风险投资累计超过 14 亿美元。跨国企业积极布局，IBM、Intel 公司通过建立开源社区吸引各方参与，加快打造行业解决方案；微软、谷歌、甲骨文等公司利用云平台提供区块链即服务（Blockchain as a Service，BaaS），推动区块链技术应用落地。

2.1.2 国内区块链发展现状

国内的区块链发展主要表现在以下几个方面。

（1）强化政策支持

《"十三五"国家信息化规划》中两处提及区块链，强调加强区块链等新技术的基础研发和前沿布局，构筑新赛场和先发主导优势。重庆渝中、雄安新区、贵州贵阳、浙江杭州、江苏无锡、山东青岛、上海宝山、广州黄埔等地在发展规划中明确将区块链作为发展重点，贵阳、重庆、广州、青岛等地更是结合当地实际出台了专项扶持政策。

（2）组建产业联盟

工业和信息化部指导成立了中国区块链技术和产业发展论坛，发布《中国区块链技术和应用白皮书（2016）》，引导社会各界正确认识、使用区块链。中国人民银行于 2017 年正式成立了数字货币研究所，积极探索区块链技术发展。

（3）健全标准体系

中国电子标准化研究院、中国信息通信研究院、工业和信息化部电子第五研究所等机构围绕参考架构、数据格式、测评方法、评估规范等，加快区块链标准制定，形成《区块链参考架构》《区块链数据格式规范》《区块链与分布式记账信息系统评估规范》等一系列团体标准，并成立区块链和分布式记账标准委员会，推动首个区块链国家标准立项，积极参与国际标准 TC307 制定。

（4）丰富应用场景

区块链技术在金融服务、供应链管理、社会治理等领域中所具有的数据增值、安全可信、协同共享的作用逐渐凸显。微众银行通过区块链技术优化对账流程，实现实时对账，降低运营成本。

2.2 区块链技术发展路径

当前，区块链技术正从"数字货币"（区块链 1.0）、金融领域智能合约（区块链 2.0），到超越金融范围向更广阔的领域（区块链 3.0）拓展，从消费互联网向工业互联网等领域延伸，并衍生出了基于公有链、联盟链、私有链等不同类型和场景的区块链应用。

2.2.1 区块链 1.0

区块链 1.0 阶段又称"可编程货币"，是指应用分布式账本、块链式数据、工作量证明等技术，发行和交易"虚拟货币"。以比特币为代表的第一代区块链技术开创了"数字货币"应用的序幕。

2008 年，中本聪发表的论文《比特币：一种点对点的电子现金系统》打开了区块链时代的大门。其技术起源于对等网络、非对称加密、数据库等技术，这些技术经过二三十年的发展已相对成熟，为区块链技术的形成提供了可能。因此，区块链并不是一种全新的技术，其所用的技术都是此前已有的成熟技术，只是通过对这些技术的重新组织构建产生了今天的区块链。

2009 年初，以比特币为代表的"虚拟货币"系统上线运行，正式标志着区块链 1.0 技术应用时代的开始。应用场景包括支付、流通等，虽然存在的问题较多，但其仍然是区块链技术最成功的应用。

在区块链 1.0 时代，最有名的莫过于一位名叫拉斯洛·豪涅茨（Laszlo Hanyecz）的程序员用 1 万枚比特币购买了 2 个披萨。这被广泛认为是用比特币进行的首笔交易，很多币友将这一天称为"比特币披萨日"。这次行为将电脑中挖的那些"虚拟货币"与现实中的实物联系起来。

在区块链 1.0 时代，人们过多关注的只是建立在区块链技术上的那些"虚拟货币"。随着时间的推移，技术本身越来越受到重视，随后引发了一场新的革命——区块链 2.0 时代。

2.2.2 区块链 2.0

区块链 2.0 阶段又称可编程资产，是指应用智能合约、虚拟化、分布式应用等技术，对金融领域的使用场景和流程进行梳理、优化的应用，拓展至除了"数字货币"以外的其他领域。其中，以以太坊、瑞波为代表的第二代区块链技术开创了区块链商业应用的序幕。

区块链 2.0 时代是智能合约开发和应用的时代。智能合约是一种可以自动化执行的简单交易，在日常生活中与我们有什么联系呢？举一个简单的例子。甲和乙对第二天是否下雨进行打赌：如果下雨，则甲赢；如果不下雨，则乙赢。甲乙双方在打赌时把赌注放进一个智能合约控制的账户里，第二天过后揭晓结果，智能合约就可以根据收到的指令自动判断输赢并进行转账。这个过程是高效、透明的，不需要公正机构等第三方介入。也就是说，有了智能合约以后，打赌就无法赖账了。

在区块链 2.0 时代中，最著名的案例莫过于具有智能合约功能的公共区块链平台——以太坊。可以说，以太坊掀起了区块链 2.0 革命的浪潮。《加密猫》（CryptoKitties）是区块链的一个杀手级应用。该游戏允许用户繁殖和饲养虚拟宠物猫，这些虚拟宠物猫可以在网上交易市场进行买卖。因为这些虚拟宠物猫创造于分布式分类账上，每一只都是唯一的，所以这些猫的不同特性就决定了它们的价值。为了养育这些基于以太坊网络的虚拟猫，用户需要拿以太币来喂养。与其他存储在游戏服务器的游戏不同，由于区块链去中心化的特性，这些猫可以真正被用户所有。

但是，区块链的2.0技术只能达到每秒70～80次交易，这也成为其快速发展的制约性因素。于是，这就需要将眼光放到未来的3.0时代。

2.2.3 区块链3.0

区块链3.0阶段又称可编程社会，是指在社会领域下的应用场景实现，将区块链技术拓展到金融领域之外，为各行业提供去中心化的解决方案。其中，以墨客、EOS为代表的第三代区块链技术开创了区块链社会化应用的序幕。

在区块链1.0时代和区块链2.0时代，区块链只是在小范围内影响并造富了一批人。而区块链3.0将会赋予人们一个更大、更广阔的世界。未来的区块链3.0可能不止一条链、一枚通证（Token），而是多链构成的生态网络，类似于覆盖全球的一个巨大的计算机操作系统。它将区块链应用的领域扩展到金融行业之外，覆盖人类社会生活的方方面面，在各类社会活动中实现信息的自证明；人们将不再依靠某个第三方获得信任或建立信用，同时实现信息的共享，包括在司法、医疗、物流等各个领域，解决信任问题，提高系统运转效率。

所以，在区块链3.0时代，区块链的价值将远远超越支付和金融等经济领域，它将利用其优势重塑人类社会的方方面面。其已不仅仅是一种技术，更是科技创新中不可忽视的重要思维。如何利用区块链思维，结合行业优势进行场景化技术创新革命，将是需要人们认真思考的问题。例如，利用区块链去解决现有场景的信任问题、降低信用成本、建立基于数字的信任体系，等等。

2.3 区块链技术架构

区块链在本质上是由一系列信息区块组成的,具有透明可信、防伪造、防篡改、可追溯等特点的数据链,是一种构建在点对点网络上的分布式存储数据库,是一种通过建立新型信任模式降低资源配置成本的手段,它具有去中心化、集体维护、可编程性、数据可信等特性。通过集成分布式数据存储、点对点传输、共识机制、加密算法等技术,去中心化地建立起新型信任模式,其作用主要体现在推动传统互联网数据增值、安全可信、价值流动,重构社会在线上和线下的价值信用体系,释放生产力,加快推进第四次工业革命的发展步伐。因此,其被视为下一代全球信用认证和价值互联网的基础协议。从系统架构上看,区块链可分为核心层、服务层和用户层,如图2-1所示。

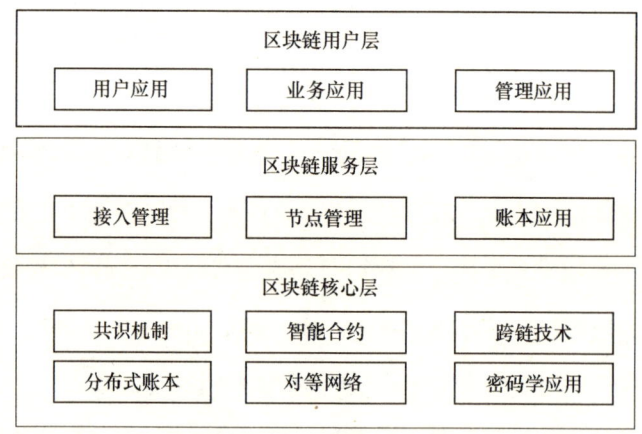

图 2-1 区块链的系统架构

2.3.1 区块链核心层

区块链核心层提供了区块链正常运行的环境和基础组件,其包括分布式账本、对等网络、密码学应用、共识机制、智能合约以及跨链技术等要素。

分布式账本

分布式账本包括分布式存储、节点运算、时序服务以及账本记录四部分内容。

（1）分布式存储

分布式存储提供区块链运行过程中产生的各种类型的数据，如账本、交易信息等的写入及查询功能。相关选型包括但不限于关系型数据库、键值对数据库、文件数据库等。存储功能应包括以下要素。

① 节点数据写入正确性：对等网络中，账户、事务、交易等数据能正确写入节点，数据可被节点正确部署、使用和查询。

② 节点高效、稳定储存：能够提供高效、稳定、安全的数据服务。

（2）节点运算

节点运算提供区块链运行中的计算能力支持，包括但不限于容器技术、虚拟机技术、云计算技术等。节点运算应包括以下要素。

① 区块链节点运行环境监控：对区块链提供运行环境支持。

② 区块链节点计算能力：对等网络中，计算能力能够满足每个节点的要求。

（3）时序服务

时序服务提供区块链中的行为或数据需记录相应的一致性的时序，可以选择特定的时序机制或工具。区块链时序服务包括统一账本记录、时序容错性、第三方时序服务等要素。

① 统一账本记录：支持统一账本记录时序等内容。

② 时序容错性：具备时序容错性等内容。

③ 第三方时序服务：支持集成可信第三方时序服务等内容。

（4）账本记录

账本记录提供区块链中分布式数据的存储机制，通过不同节点对账本的共同记录与维护，形成区块链中数据的公共管理、防篡改、可信任的机制。账本记录应包括以下要素。

① 持久化存储账本记录：是指系统支持持久化存储账本记录，包括技术库种类、数据库指标（安全性、兼容性、可扩展性）、账本存储格式、区块格式规范等内容。

② 记账幂等性：支持一次或多次查询或记录请求具有相同结果。

③ 多节点拥有完整的数据记录：包括支持多节点拥有完整的数据记录、支持多节点拥有完整的区块记录等要素。支持多节点拥有完整的数据记录是指链上与非链上的数据记录，支持完整记录同步；支持多节点拥有完整的区块记录是指完整账本的记录，支持完整账本同步。

④ 各节点数据一致性：是指系统确保有相同账本记录的各节点的数据一致性。

⑤ 区块大小调整：支持区块链大小的动态或静态调整。

⑥ 账本同步：支持完整账本或局部账本的同步，对账本选择性下载。

⑦ 账本检索：支持全量账本或局部账本的快速检索。

对等网络

区块链运行的底层拓扑结构是分布式对等网络，采用对等网络协议组织区块链中的各个网络节点。各个节点间通常使用点对点通信协议完成信息交换以支撑上层。对等网络应包括以下要素。

① 节点之间的高效安全通信：节点之间能通过安全接口，进行点对点的高效安全的通信。

② 点对点通信多播能力：能够提供点对点通信基础上的多播能力。

③ 动态增删节点：支持对节点的动态添加的识别，支持对节点的动态减

少的识别。

④ 节点信息和状态获取：支持对节点的信息和状态及时获得。

⑤ 节点参数化：支持对节点的参数化配置，对节点类型和能力进行设定。

密码学应用

（1）加解密

加解密是区块链底层安全机制的核心。从适用场景来看，对称加密算法一般用于对普通数据的加密，而非对称加密算法除了用于普通加密之外，还适用于密钥交换和数字签名等场景。密钥交换是密码学中两方交换密钥以允许使用某种加密算法的过程，如果发送方和接收方希望交换加密消息，则双方都必须配有密钥以加密发送的消息和解密收到的消息。加密算法应具备抵御破解的能力，必要时采用更高破解计算复杂性的加密算法。密码算法选择应符合相应的国家法规，选择密码算法时在我国优先使用国密算法。加解密应包括以下要素。

① 支持国际主流的加密算法，如 AES256 等对称加密算法和 RSA、ECC 等非对称加密算法。

② 支持我国的商密算法，如 SM4、SM7 等对称加密算法和 SM2、SM9 等非对称加密算法。

③ 支持可插拔自定义的密码算法。

④ 支持基于硬件实现的加密机。

⑤ 应具备明确的密钥管理方案，确保区块链底层安全机制正常运行。

（2）数字摘要

数字摘要将任意长度的消息输入变成固定长度的短消息输出，通过摘要函数（或称哈希函数）来实现，其输出值被称为摘要值或哈希值，主要用于对数据的完整性提供保护。对于给定的数据明文和摘要，数字摘要可以验证该数据明文是否被篡改。数字摘要算法应具备抵御破解的能力，并包括以下要素。

① 区块链与第三方的摘要算法、观察时间及安全强度。

② 支持我国商密的数字摘要算法，如 SM3 等。

③ 摘要算法应用满足存储及验证要求。

（3）数字签名/验签

数字签名/验签被接收者用于确认数据单元的完整性以及不可伪造性，即确定消息确实是由签发方签署的。数字签名/验签应包括以下要素。

① 支持国际主流的数字签名/验签算法，如 RSA、ECC 等。

② 支持我国商密的数字签名/验签算法，如 SM2 等。

③ 数字签名/验签算法应具备抵御破解的能力。

（4）CA 认证

CA 认证是利用基于密码技术生成的电子文件，作为网络世界中身份证件的认证手段，由国家授权 CA 机构颁发。通过使用 CA 认证，各种网络应用可以实现可信网络身份、信息加密和可靠电子签名。引进权威、公正的第三方 CA 机构签发的数字证书，来进行数字签名和签名验证等相关工作，确保信息的机密性、完整性及不可抵赖性。CA 认证应包括以下要素。

① 身份认证方式：支持基于密钥的身份验证，防止身份冒用。

② 客户端 CA 认证：支持基于第三方 CA 机构完成客户端的 CA 认证。

③ 服务节点 CA 认证：支持基于第三方 CA 机构完成服务节点的 CA 认证。

④ 国密证书：支持国家授权的第三方 CA 机构签发的国密证书。

（5）隐私保护

隐私保护是在保障区块链安全的基础上，通过提供身份隐私、交易隐私、密钥保护等措施，保障客户端私钥、服务节点私钥只允许所有者读取。隐私保护应包括以下要素。

① 身份隐私保护：支持全匿名或部分匿名的隐私保护，即不公开交易双方的详细身份信息，可使用公钥地址表示交易双方的身份。

② 交易隐私保护：支持全匿名或部分匿名的隐私保护，即不公开交易双方的交易细节，对交易信息进行加密以实现隐私保护。

③ 监管隐私保护：对审计或超级权限账户保持交易透明，对非监管账户保持隐私保护。

④ 客户端私钥保护：客户端私钥只允许其所有者读取，存储和传输需有保护措施，不能以明文方式传输或存储，而且客户端进出需经过身份验证。

⑤ 服务节点私钥保护：服务节点私钥只允许其所有者读取，存储和传输需有保护措施，不能以明文方式传输或存储，而且节点进出需经过身份验证。

共识机制

共识机制是指区块链网络中各节点对在区块链中进行事务或状态的验证、记录、修改等行为达成一致确认的方法。在区块链中，根据不同的业务需求、区块链网络组织形式选择不同的适用共识算法来实现共识机制。共识机制应包括以下要素。

① 共识算法类型：区块链支持的共识算法类型。

② 多节点共识确认：系统支持多个节点参与共识和确认。

③ 独立节点的提交信息有效性验证：系统支持独立节点对区块链网络提交信息的有效性验证，包括正确事务逻辑验证、错误事务逻辑验证等要素。正确事务逻辑验证即正确逻辑执行的事务能在区块链上进行验证查询的过程，错误事务逻辑验证即不正确逻辑执行的事务不能在区块链上进行验证查询的过程。

④ 共识机制容错性：系统应具备一定的容错性，包括物理故障导致的非恶意错误容错性、节点被控制的恶意错误容错性等要素。物理故障导致的非恶

意错误容错性即物理故障情况下数据是否丢失等情况，节点被控制的恶意错误容错性即满足共识机制条件少数节点不能恶意篡改账本数据的情况。

智能合约

智能合约是一套以数字形式定义的承诺，包括合约参与方可以在上面执行这些承诺的协议。一个合约就是一个存在于区块链里的程序。合约的参与双方将达成的协议提前安装到区块链中，在双方的约定完成后开始执行合约，不能修改。根据应用场景的不同需求，区块链可以有选择性地提供智能合约。智能合约应包括以下要素。

① 开发运行环境：包括提供编程语言支持及配套的集成开发环境，支持合约源代码或二进制查询。

② 合约内容静态和动态检查：支持合约内容静态和动态检查。

③ 合约合规审计：支持智能合约部署前需注册、发布前需审计。

④ 支持运行载体：提供图灵完备的运行载体支持，如虚拟机等。

⑤ 外部数据源和智能合约交互：智能合约与外部数据源交互的影响范围应仅限于智能合约范围内。

⑥ 合约防篡改：防止对合约内容进行篡改。

⑦ 多方共识下的合约升级：支持多方共识下的合约内容升级，合约具备完整的生命周期管理。

⑧ 账本中写入合约内容：支持向账本中写入智能合约，支持合约的注册、部署和发布。

跨链技术

跨链技术就是实现价值网络的关键，它是把联盟链从分散单独的孤岛中拯救出来的良药,是区块链向外拓展和连接的桥梁。跨链技术主要包括跨链资产操作、跨链合约操作等要素。

① 跨链资产操作:支持跨链资产转入和转出跨链操作。

② 跨链合约操作:支持跨链智能合约的跨链发布、执行和销毁操作。

2.3.2 区块链服务层

区块链服务层通过调用核心层组件为用户层提供可靠的接入服务,并满足操作的原子性和高性能的要求。服务层包括接入管理、节点管理、账本应用等要素。

接入管理

接入管理提供跨进程调用功能,为外部业务系统及用户层提供核心层接入服务。接入管理主要包括账户信息管理、账本信息查询、事务操作处理、接口服务能力管理、接口访问权限管理等要素。

① 账户信息管理:提供区块链服务客户的账户信息管理服务,包括账户配置服务、账户查询服务等要素。账户配置服务即面向账户提供基本配置服务,如账户注册、审批、分级及注销等。账户查询服务即对账户信息提供基本信息查询服务。

② 账本信息查询:提供区块链区块、事务详情等查询服务,包括区块总高度查询服务、指定高度区块查询服务、区块标识查询服务、事务查询服务等要素。区块总高度查询服务即对区块总高度的查询服务,指定高度区块查询服务即对指定高度区块的查询服务,区块标识查询服务即对区块标识的查询服务,事务查询服务即对事务的查询服务。

③ 事务操作处理:将区块链服务客户提交的特定事务操作请求提交到区

块链网络，包括特定事物操作请求提交功能等要素。特定事物操作请求提交功能即对特定事务进行相关操作的功能。

④ 接口服务能力管理：支持接口调用频度设置和事务操作及账本查询缓存设置，包括接口调用频度管理功能、接口查询缓存功能等要素。接口调用频度管理功能即对接口调用频度进行管理的功能，接口查询缓存功能即对接口查询进行缓存的功能。

⑤ 接口访问权限管理：接口的访问权限等级通常分为低等级权限、中等级权限和高等级权限三类，针对不同的用户可以配置不同的访问权限，包括接口访问等要素。接口访问即对接口访问方式进行相关配置的功能。

节点管理

节点管理支持对区块链节点的信息查询和管理控制。区块链节点至少包括共识节点和接入节点两种。共识节点参与区块链网络的共识过程，用于区块的生成。接入节点用于外部应用系统同步账本信息和提交事务处理。节点管理主要包括节点服务器信息查询、节点服务启动关闭控制、节点服务配置、节点网络状态监控、节点授权管理等要素。

① 节点服务器信息查询：提供区块链节点服务器的节点状态信息查询服务。节点状态信息查询是指对节点相关状态进行信息查询的功能。

② 节点服务启动关闭控制：提供区块链节点服务器的启动与关闭服务，包括节点启动功能、节点服务启动功能、节点服务关闭功能、节点关闭功能等要素。节点启动功能即对节点的启动功能进行管控，节点服务启动功能即对节点的服务启动功能进行管控，节点服务关闭功能即对节点的服务关闭功能进行管控，节点关闭功能即对节点的关闭功能进行管控。

③ 节点服务配置：提供区块链节点服务器的节点服务能力配置，包括节

点参与共识算法配置、节点连接数量配置、节点对外提供接入服务配置等要素。节点参与共识算法配置即对节点参与的共识算法进行相关配置，节点连接数量配置即对节点的连接数量进行相关配置，节点对外提供接入服务配置即对节点外提供接入服务配置。

④ 节点网络状态监控：提供区块链节点服务器网络连接状态监控服务，包括节点连通状况监控服务、节点连接数量监控服务、节点带宽监控服务等要素。节点连通状况监控服务是指监控节点间的网络状态是否良好，节点连接数量监控服务是指对节点链接其他节点的数量进行监控，节点带宽监控服务是指对节点间的网络带宽进行监控。

⑤ 节点授权管理：提供区块链节点准入准出配置和节点事务处理及账本查询授权配置，包括准入配置、准出配置、本节点事务处理、主节点外的事务记录、账本允许查询授权配置、账本禁止查询配置等要素。准入配置即通过相关权限控制对准入节点的限制，准出配置即通过相关权限控制对节点的退出许可，主节点事务处理即节点进行事务处理时结果满足预期要求，主节点外的事务记录是指主节点外事务记录与主节点一致，账本允许查询授权配置即通过相关配置来对账本查询权限进行控制，账本禁止查询配置即通过相关配置来对账本禁止查询权限进行控制。

账本应用

账本应用通过调用核心层功能组件，实现基于区块链账本记录功能组件的应用，包括链上内容发行和交换、逻辑验证、签名权限控制设置、执行合约逻辑等要素。

① 链上内容发行和交换：包括链上内容发布功能、链上内容增加功能、链上内容撤销功能、链上内容分配功能。

② 逻辑验证：提供共识前的逻辑验证和共识后的结果验算，包括共识前特定标识的资产的逻辑验证、共识前资产数额逻辑验证、共识后的结果验算等要素。共识前特定标识的资产的逻辑验证是指共识前对特定标识的资产进行逻辑验证，共识前资产数额逻辑验证是指共识前对资产数额进行逻辑验证，共识后的结果验算是指共识后对共识结果的验证。

③ 签名权限控制设置：提供可对特定事务处理进行多签名权限控制设置，包括多签名权限控制设置、对特定事务处理进行多签名、对多签名事务处理进行验证等要素。多签名权限控制设置即通过多个签名来对权限进行控制，对特定事务处理进行多签名即通过多个签名来对特定事务进行处理，对多签名事务处理进行验证即通过多个签名来对事务进行验证。

④ 执行合约逻辑：提供基于智能合约功能组件的合约代码执行功能，并验证合约逻辑。

2.3.3 区块链用户层

区块链应用层将不同类型的 API 封装成区块链服务，供不同的用户使用。用户层包括用户应用、业务应用、管理应用等要素。

用户应用

用户应用支持区块链服务客户访问和使用区块链服务（使用区块链活动）。在面向查询业务需求的场景下，用户应用可以运行在一个浏览器环境中，为区块链服务客户提供一个有组织的、架构化的区块链数据视图。在大部分的业务场景下，用户应用是一个运行着业务处理、应用、账本资源和相关基础设施的企业级的业务系统，包括命令行交互、图形交互、应用程序交互、事务提交等要素。

① 命令行交互：命令行的已有功能交互完全。

② 图形交互：系统图形的已有功能交互完全。

③ 应用程序交互：系统应用程序的已有功能交互完全。

④ 事务提交：系统事务提交的已有功能交互完全。

业务应用

业务应用支持区块链服务业务管理者的活动，包括区块链服务的选择和订购、使用区块链服务涉及的账务和财务管理，以及支持区块链服务集成者的活动，包括跨链链接和区块链数据交换服务。区块链业务能力只能通过使用区块链服务来获取，包括区块链服务选择、区块链服务订购、使用区块链账务、财务管理等要素。

① 区块链服务选择：用户能够对区块链服务进行自主选择。

② 区块链服务订购：用户能够对区块链服务进行订购。

③ 使用区块链账务：用户能够使用账本来做一些业务。

④ 财务管理：业务功能能够满足财务管理。

管理应用

管理应用支持区块链服务管理者的区块链活动，包括成员管理服务、对服务活动和服务使用的监控、事件处理和问题报告、安全管理服务等要素。

① 成员管理服务：为区块链服务客户提供身份管理、权限管理、数据保密以及可审计的服务，包括身份管理、权限管理、数据保密、可审计功能等要素。身份管理即对成员的身份进行管理，具备超级账户设置、不同身份权限不同、不同分类权限不同等；权限管理即对成员的权限进行相关管理，具备账户间授权、授权时限控制、账户权限变更等；数据保密即对成员的数据隐私安全

进行的管理；可审计功能即对成员的身份、行为等进行的追溯审计。

② 监控管理：为区块链服务客户提供故障监测和区块链网络运行状态的监控服务，包括故障检测、网络运行状态监控等要素。

③ 事件管理：为区块链服务客户提供预定义或自定义事件的服务，包括预定义事件功能、自定义事件功能、网络问题跟踪及报告、账号安全功能等要素。

④ 问题管理：为区块链服务客户提供区块链网络问题跟踪、报告的服务，包括网络问题跟踪及报告等要素。

⑤ 安全管理：确保区块链服务客户账号安全性的服务，包括账号安全功能等要素。

2.4 当前区块链面临的挑战

2.4.1 区块链应用的四个层次

根据各种产业的痛点和实现的复杂度，区块链的应用可以分为以下四个层次。

第一个层次：共识认证

这个层次是在传统业务场景下利用区块链共识认证的特性探索应用场景，如防伪、公证、票据电子化及 IP 保护等。应用过程需明确 5W1H（Who、When、Where、What、Why、How），并关注业务场景中存在的真实痛点。

这种方式是区块链应用的最基础层次，其他层次的应用均在此基础上实现。其本质是将区块链作为一种难以篡改的分布式数据库使用，几乎不涉及原有业务流程的改造，社会接纳成本相对可控。

第二个层次：价值交易

这个层次是在共识认证的基础上进行全方位的改造升级，主要添加了价值交易撮合功能，并对现有交易平台及与财务相关的业务流程进行重构。然而，由比特币、汇兑、证券化产品所组成的二级市场，其法律法规相对成熟且复杂，社会接纳成本、业务重构成本相对较高。

第三个层次：智能合约

这个层次的应用可繁可简，简单到发红包的功能，复杂到各种商业合同的监督和执行。前者成本相对较低；后者不但技术架构复杂，而且也需要在各个业务环节中实现，完成前期的铺垫，成本相当可观。然而，智能商业合同一旦实现，很多现有的商业模式都将被替代，这在契约程度发达的今天将是一场重量级的变革。

第四个层次：互通互联

区块链技术带来了两个趋势：一个是数据格式的趋同性，或者说是降低了对数据格式的依赖性；另一个是区块链技术鼓励数据的共享。当社会各个环节的数据逐渐在区块链上得到共识认证之后，阻碍这些数据共享的技术壁垒和利益壁垒将逐渐被数据共享的巨大红利所碾压。

针对区块链应用的层次性，相对应的就是区块链构架的分层设计，分别为网络层、区块层、数据层、价值层及合约层。这些架构层次之间采取弱耦合的设计，保证了各层的性能、安全及可维护，为契合各个层次应用打下了良好的基础。

2.4.2 区块链应用落地面临的主要问题

目前，区块链相关行业缺乏自律，违规操作多，相关业务存在诸多问题，威胁了用户资金安全、国家金融秩序和社会稳定。归纳起来，区块链技术的应用存在以下几个方面的重要问题。

业务实现

区块链是一个全新的概念，它结合密码学、分布式数据库、共识机制等技术，建立了一种用于实现传递价值的底层软件基础协议。价值传递的过程有别于信息传递，既需克服隐私泄露、安全漏洞等风险，又要安全可靠地完成价值传递，同时还要兼顾商业隐私保护和操作权限控制的平衡，防范网络攻击，保障业务安全。例如，在金融场景中，如果用户的隐私发生泄露，将对现有业务构成致命的打击。

监管制度

随着区块链技术越来越多地应用于各个领域，特别是金融领域，其作用得到了更大的发挥。然而，与许多其他技术一样，区块链技术本身是中性的，它是否真正为社会带来积极的作用，取决于使用该技术的人及使用方式。金融科技方面的创新已经对社会产生了很大的影响，其中不乏消极方面的影响，例如，P2P领域的"e租宝"等事件。作为金融科技中的重要技术，区块链技术同样也可以在监管科技中得到重点使用。对区块链的监管主要包括三个方面：

（1）主体监管，即对区块链运营主体的监管；

（2）平台监管，即对区块链平台系统的监管；

（3）业务监管，即对区块链平台上的业务参与者、业务本身、业务涉及对象的监管。

行业过渡

区块链是否能在今后被广泛应用，怎样在区块链应用中找到落地点，与传统系统加以融合且进一步开发，这是非常值得行业思考的问题。传统政务、商业、民用行业中一定存在已付出高额成本、已具有一定用户基础的成熟系统，如果推翻这些成熟系统，以区块链产品取而代之，则是否具备技术可行性、效益成本合理性，这些都是在区块链行业过渡阶段需要探索实践的问题。

成本管理

成本管理是任何行业生产经营都需权衡的问题。区块链作为一种新兴的应用，其成本包括时间成本、研发成本、人力成本、物力成本、协调成本等。一个优秀的区块链应用项目从底层实现到应用落实，各环节均需投入大量成本，这样才能保障项目高质量地完成。

其中，技术研发和应用落地涉及时间成本、人力成本。区块链行业极缺既掌握区块链技术又熟悉传统业务的复合型人才，市场正在寻找可连接这两个世界的人才，在当今迅速发展的资本市场实现区块链的功能与价值。

身份监管

区块链的特性之一就是匿名性，该特性对区块链的应用，特别是公有链的应用起到了很大的作用。然而，因为匿名性，一些不法行为也借此在区块链上得以实施和发展。有必要对区块链上的身份进行有限的识别，一旦发现违法行为，就能够快速地进行查证。目前，有些区块链平台采用了实名制的方式来解决这个问题，将实名账号与区块链地址进行映射绑定，区块链上的业务依然采用匿名方式，但可以通过映射关系来查证实际的用户。例如，在对"数字货币"进行监管时就采用黑、白、灰名单的方式来记录账号的对应关系，从而为监管提供必要的支撑。

效率不足

受区块链平台性能的限制，性能速率普遍不高。受每秒智能合约 450 万 GAS 限制，以太坊大概只能做到 20 TPS（Transaction Per Second，每秒并发交易数），这个速度远远不能满足现实生活的需要，导致行业应用存在比较大的困境，大量的应用难以迅速落地。为了扩大区块链的应用，我们需要从理论和实践上加大对区块链性能的研究。金融支付、防伪溯源、数据存证等领域均存在高并发访问计算的需求，有的甚至要求达到每秒几万笔的速率。当前，已经有一些区块链研究团队，如美国硅谷的墨客团队提出了一些提升性能的解决方案。

安全漏洞

相对于传统的中心化系统，区块链在安全方面有一些优势，但并不是绝对安全，与中心化系统相比，甚至存在一些明显的不足。第一，密钥安全是区块链中的一个重要安全因素，不同的密钥管理办法只能适应一定的应用场景。例如，对于一些公有链，密钥由用户自行保管，但是，一旦发生丢失或遗忘，则会为用户带来资产损失。第二，数据安全也是一个重要方面。区块链采用密码学技术进行数据传输和存储，如果采用的是级别比较低的密码技术，则容易被破解，进而造成数据泄露。第三，由于区块链的公开透明，区块上记录的数据对所有用户开放，如果数据不经加密直接记录，则会对用户隐私安全造成威胁。

跨链共享

越来越多的区块链得以上线运行，每一条区块链都存在多个方面的不同，如数据格式、共识机制、密码算法、业务形态、合约机制、区块链大小与周期等。

这么多的区块链独立运行，互不影响。然而，我们是希望不同区块链之间能够进行必要的交互，满足更多的业务需求，更好地提供服务。当前，学术界、产业界均开始考虑这个问题。一个可行的办法是在不同的区块链之间提供接口，还有一个办法就是尽快起草标准并要求人们统一遵守，为多链交互提供基础。

2.4.3 推进区块链健康发展的思路

区块链的发展正处于探索阶段，产品研发、应用推广、标准研制、测试评价等工作应同步推进。区块链作为分布式数据存储、点对点传输、共识机制、加密算法等信息技术的集成应用，其最终的载体仍然是基于区块链技术研发的各种各样的区块链产品或系统。对于区块链产品或系统而言，其质量问题，如可靠性、兼容性、性能和安全性等都是无法回避的关键问题，也是影响其相关应用和行业发展的重要因素。当前，区块链正快速从1.0、2.0向3.0过渡，也面临着不同类型的问题。我们建议，业界同仁在推进区块链健康发展的过程中，不仅要正确评估不同行业所需的区块链技术及其质量特性，还需在政策层面、技术层面加以考量。

政策层面

（1）多关注无通证的区块链技术，密切关注技术发展的前沿动态，集聚政、产、学、研、用等多方资源，共同推进区块链技术产业的研究工作；进一步明确区块链创新发展与应用的路径，分析区块链对经济社会发展各方面带来的价值与影响；借鉴国外发展和监管经验；部委及地方政府研究制定针对区块链的行业发展政策措施和管理制度，鼓励和引导产业资源合理配置，推动形成良好的发展环境。

（2）制定发布各细分领域的区块链"白皮书"，加强知识普及和宣传引导，面向相关群体和传统产业普及区块链知识，共同努力营造良好的发展氛围，推动各方对技术概念、应用前景、应用成熟度等达成共识，形成合力，引导社会各界正确认识和使用区块链。

（3）积极探索各行各业的区块链应用，利用区块链技术建立可信数据流动机制，实现多平台的数据汇聚和统一管理，助推跨行业、跨领域融合；优先推进区块链（无通证）在政府、央企、国企可控领域的探索应用，如精准扶贫、智能制造；进一步推进区块链（有通证）在民生、商业领域的探索应用，如健康医疗、数据服务；推进区块链（有通证）在金融、银行领域的探索应用，如区块链票据、金融监管、供应链金融。

（4）积极开展区块链领域创业创新，参与行业标准体系制定；组织区块链开发大赛，建立公共服务平台，开展政策咨询、测试评估、专利保护等服务，加快技术创新和跨界融合。

（5）开展区块链风险和监管研究，积极配合相关部门明确监管方向和内容，推动建立完善的行业监管机制，共同规范区块链行业的发展环境，创建健康安全的行业风气。

技术层面

（1）在区块链的效率、安全、可靠等方面加强研究，在底层技术上坚持自主创新，不断优化完善现有技术。当前，国外龙头企业不断输出原创技术和开源软件，正主导主流技术的发展方向。国内企业对技术演进方向的影响力仍需加强。一旦国外形成了成熟技术和事实标准，我们就只能处于被动接受的境地。

（2）加大人才培养的力度。国内区块链人才总量有限、人力成本较高，同时具备行业背景知识和区块链技术的高端复合型人才更加短缺，远不能满足产业发展的需求。

（3）加强保障用户和商用方的隐私安全。隐私安全技术为技术研发重心之一，目前虽可做到隔断交易地址和交易人真实身份的关联，但这样的保护是很脆弱的。通过观察和跟踪区块信息，利用地址 ID、IP 等信息依旧可追查账户和交易的关联性。除了常用加密算法处理，区块链技术还应具备独特且强大的其他隐私数据保护方法。

（4）从软硬件方面提升区块链事务的处理速度。软件方面，提高算法效率，结合具体问题运用侧链和子链、分层分片、可定义共识机制等新技术。硬件方面，在保证成本的情况下加大相关设备的投入，确保系统具备可承受且可消化海量事务的能力。

（5）共同完善区块链核心技术设计。分布式账本、密码学、共识机制、智能合约、跨链网络等作为区块链不同于其他系统的核心技术，每一部分对系统及业务的影响都是不可忽视的。我们在完善核心技术设计的同时，应避免产生漏洞给黑客留下可乘之机。

2.5　对区块链技术的未来展望

我们正处于从工业文明迈向数字文明的进程中，要实现这个文明阶段的跨越演进，信任普遍缺失、权力不受制约和社会参与不足始终是最大的梗阻点。不消除这"三大障碍"，就无法到达数字文明。科技驱动文明，文明进程中的问题也要依靠技术进步来消解。区块链作为大数据智能化的代表性技术之一，有望破解复杂环境下信任普遍缺失的难题，推动文明进程，抢占数字经济制高点。因为区块链具有四大技术特征：一是去中心化，其精髓是不允许出现不受约束的权力；二是分布式账本，目的是让谁都说了算、谁都说了不算；三是智能合约,核心是构建一套适用于网上的规则和法律,把那些不守信的、违约的人以及将来所谓不受管理的"超级机器"扔进虚拟世界的"监狱",让他们失去在互联网上存在的价值和自由;四是难以篡改的时间戳,它既能把道德、规则和法律植入人脑,也能植入机器,做到信息可追溯、可信任,让网络空间的道德、规则和法律有一个可证明的载体。所有这些让区块链先天具有了传递信任和价值、重构价值体系和秩序规则的能力,在有效制约和规范技术的发展、为狂飙突进的人工智能踩下"刹车"的同时,推动解决信任危机,合理制约权力,推进更加广泛公平的社会参与。

互联网2.0

基于区块链的四大特征,区块链必将成为互联网的2.0版,作为一种传输价值的基础协议,在现有互联网协议架构之上将构建出新的价值协议层,推动互联网完成从信息互联网到价值互联网,再到秩序互联网的梯度跃升。

(1)信息互联网:减少信息不对称,使人与人的沟通更便捷。

(2)价值互联网:区块链重构社会价值体系,使参与者共享数字经济成果,通过可信、安全的技术实现互联网上价值的自由流动。

(3)秩序互联网:通过区块链技术创新社会组织方式、治理体系、运行规则,构建起基于规则共识、行为共治和价值共享的信息文明新秩序。

未来展望

区块链被公认为是一种构建人类信任共同体、保障网络空间安全的技术,它正从基于数学自治的概率可信向基于数学、物理双自治的确定性可信演化,形成类似DNA双螺旋结构的数理自治的新型区块链。其应用场景广泛,从最初的"数字货币"领域加速向政务、民生、商业等多领域延伸扩展。例如,蚂蚁金服的公益扶贫、万向集团的采购管理、井通科技的供应链管理、布比网络的食品溯源，未来可能带来全链条、全方位、全社会的深度变革，因而值得每个人密切关注。

未来，数字资产的创设和转移，智能合约的发布和执行，将促使基于区块链技术的数字网络进入前所未有的价值大联网，通过将虚拟空间与真实实体映射，串联起个人电脑、移动终端、虚拟现实等多种设备无缝对接的价值互联世界。在这个价值互联世界中，区块链将成为一种商业模式、社会结构或组织模式的基础设施，并且促使人类建立一种新型的组织架构，例如，具有社区意识的去中心自治组织架构。

我们认为，区块链不仅仅是一种技术，它更是科技创新中不可忽视的重要力量。如何利用区块链技术，结合行业优势进行场景化的技术创新革命，将是需要我们认真思考的问题。这种需要大规模协作和参与的基础协议，其未来的发展也不会一帆风顺，可能会经历过热甚至泡沫阶段，也可能会经历低谷。但其作为数字化浪潮下一个阶段的核心技术，最终将会构建出多样化生态的价值互联网，从而深刻影响未来每个人的生活，它最终影响的范围和深度也会远远超出大多数人的想象。

第 3 章
新一代区块链技术的发展

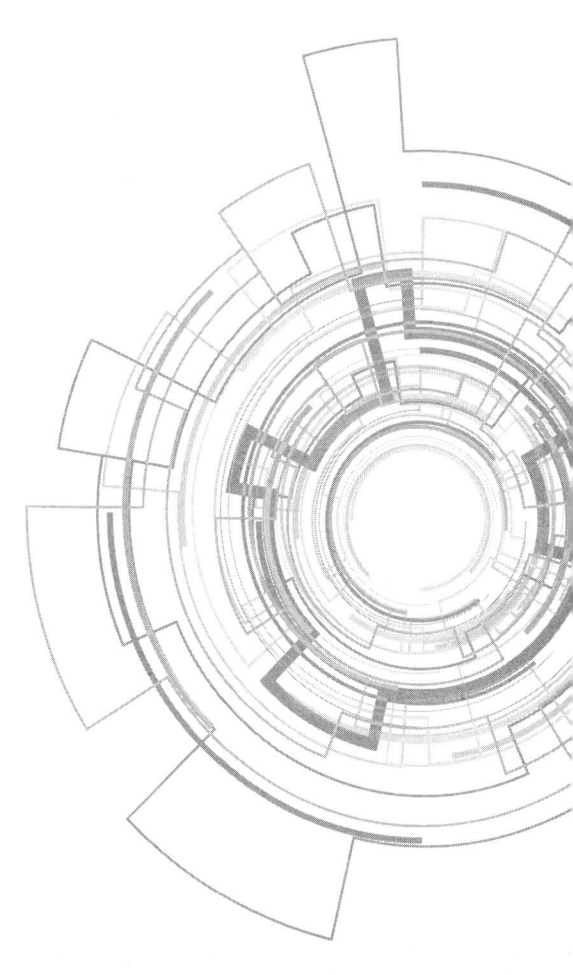

3.1 提升区块链系统性能的尝试

当前，区块链技术已经由 1.0 版本过渡到 2.0 版本，并逐步向 3.0 版本发展。新一代区块链技术发展的主要方向侧重于基础设施建设，即区块链底层技术的研发以及一些具体应用的落地。区块链 3.0 技术发展的目的在于提高区块链的整体运行性能，包括通过各种方式提高区块链系统的交易容量、交易速度以及系统的可扩展性等。

区块链 1.0 系统中，以比特币最具有代表性。比特币系统中，每个区块的容量大小是 1MB，每 10 分钟出一个区块，以一个交易 0.25 KB 计算，每秒平均能打包 1000/0.25/60/10=6.67 个交易。也就是说，以当前比特币区块的大小，每秒只能承载 7 个交易，即 7 TPS。作为区块链 2.0 系统的代表性项目，以太坊目前大概能够支持 20 TPS。如果与中心化交易系统的处理能力相比，Paypal 的处理能力是每秒 100 笔的量级，而支付宝在"双十一"时的处理能力达到了每秒 10 万笔的量级。所以，大众很难想象这样的区块链系统如何能够应对高频次的数据调用和存储。

在提高性能的解决思路方面，社区试图通过区块扩容、隔离见证等一系列技术提升交易处理能力。

区块扩容

对于比特币系统来说，提高系统交易容量的有效方法之一就是区块扩容。

但是，区块的容量大小会影响到全网账本同步时间的长短。

以目前比特币系统中单个区块的产生周期为例。新产生的区块在网络中广播完成，需要至少半分钟的时间。半分钟的广播时间，意味着各个验证节点收到该新区块的实际顺序是有先后的。这样的设计在区块容量有限的情况下并没有暴露出潜在的问题。这是因为：其一，接收到新区块的验证节点先后顺序是随机的；其二，不同区块之间产生的时间间隔是10分钟，半分钟的延迟可以被整个网络接受。

假设为了系统扩容，将比特币的区块产生间隔改成半分钟，这等同于全网同步所需要的时间。一旦系统将各区块的产生间隔设定为半分钟，对拥有高算力的验证节点而言就占据了极大的主导优势。高算力验证节点可以通过自私挖矿或分叉攻击，威胁到全网的安全性。

此处需要对自私挖矿及分叉攻击做解释，以方便读者更直观地理解上述问题的严重性。通常意义上的自私挖矿或分叉攻击，是指区块链系统网络中，当某个验证节点验证完一个新区块后不对全网广播，而是继续其验证步骤，直到本地验证出的链比网络里的所有链都长时一举对全网广播，从而用仅仅由本地验证过的链去替换原本应该由全网验证的链。从本质上讲，这时比特币系统的安全模型将会面临崩塌。同理，假如把区块大小扩大10倍，则全网同步传输所需的时间也会相应增加。当传输速度和区块产生速度相比不可忽略时，比特币的安全性就会大打折扣。

在现有的比特币网络中，如果人为设定系统产生区块的间隔为10分钟，那么单个区块容量将不能超过4MB。相对于当前1MB的区块容量而言，交易速度仅能提高4倍，即28 TPS。这样的速度提升是非常有限的。

隔离见证

隔离见证（Segregated Witness，SegWit）是技术上为了应对如何在不增加区块容量的前提下提升系统交易速度而做出的尝试，其设计思想如下。

比特币系统中，每个交易数据都含有验证签名，该部分占用了约 65% 的数据空间。为了有效利用该部分数据空间，隔离见证技术提出将验证签名移至交易数据的尾部，从而释放原本被验证签名占用的数据空间。粗略统计，该改动可以将原本 1 MB 的区块容量有效提升至 1.8 MB。

隔离见证技术主要解决的是交易信息被更改的问题。事实上，这个改动防止了第三方的延展性，让闪电网络这种侧链的实现更简单。同时，隔离见证技术也增加了比特币系统中简单智能合约的可用性。

然而，这些尝试并不能带来交易处理能力数量级的改善。于是，在侧链概念的基础上，比特币社区提出了比特币闪电网络（Lightning Network）的解决方案。闪电网络是以比特币区块链为后盾，在链下实现真正的点对点微支付交易，一定程度上打破了交易中面临的时延、最终性、容量甚至隐私问题。

以太坊提高整体性能的思路有两点：第一点是用侧链技术，类似比特币闪电网络的雷电网络项目以及 Plasma 项目，第二点是采用分片技术（Sharding）。

3.2 侧链

3.2.1 侧链技术原理

侧链（Side Chain）的概念和实施方案源于侧链"白皮书"《用与比特币挂钩的侧链来提供区块链创新》（*Enabling Blockchain Innovations with Pegged Sidechains*）。侧链协议本质上是一种跨区块链的解决方案，这种解决方案可以实现数字资产从第一个区块链到第二个区块链的转移，又可以在稍后的时间点从第二个区块链安全返回到第一个区块链。其中，第一个区块链通常被称为主区块链或主链，第二个区块链则被称为侧链。

放在区块链系统中来看，侧链是指与主链相平行且独立的一条区块链，它和主链之间可以通过规定的协议进行通信。侧链只在特定的时间点才会和主链进行状态同步；而在其他时间内，主链与侧链各自进行自己的工作，互不干扰。

实现侧链的技术基础是双向锚定（Two-way Peg）。通过该技术，系统可以暂时将数字资产在主链中锁定，同时将等价的数字资产在侧链中释放。同样，当等价的数字资产在侧链中被锁定时，主链的数字资产也可以被释放。主链—侧链系统中，主链与侧链双向锚定一般分为以下几个阶段。

（1）用户发送锁定交易，将需要锁定的通证锁定在主链上。该步骤一般由通证持有者操作，通过发送一个特殊交易请求，把通证锁定在区块链上。

（2）用户发送锁定请求后，系统会要求用户等待一个确认周期。确认期的作用是等待锁定交易被更多区块确认，可防止假冒锁定交易和拒绝服务攻击，典型的等待时间是1~2天。

（3）系统确认期结束后，用户将在侧链上创建一个交易，并且提供一个SPV(Simplified Payment Verification Proof)工作量证明，将对应的通证输出到用户在侧链上的地址中。该交易称为赎回交易。

（4）系统要求用户等待一个竞争期。竞争期的作用是防止交易双花。在此期间，赎回交易不会被打包到区块，新传输到侧链的通证将不能使用。而且，如果有工作量更大的工作证明出现，即该赎回交易包括主链更大难度的SPV证明，则上一个赎回交易将被替换。竞争期结束后，该赎回交易将被打包到区块中，用户可以使用他的通证。

侧链技术存在的问题也是显而易见的。为了做到实时状态同步，侧链对共识机制就有一定的要求。例如，侧链A和侧链B，链内交换比较容易，甚至侧链 A 和主链之间的共识都可以解决，但是侧链 A 和侧链 B 之间交易的共识机制如何解决就成了最大的问题。尤其当侧链 A 和侧链 B 是不同质的区块链系统时，该问题将变得非常棘手。进一步讲，如果整个区块链网络存在多个侧链，而且交易都发生在一个侧链到另一个侧链之间，这时同步问题就有可能成为制约系统性能的瓶颈。

3.2.2　闪电网络和雷电网络

比特币方面的约瑟夫·朴恩（Joseph Poon）为比特币系统做的侧链叫闪电网络。以太坊的创始人维塔利克·布特林（Vitalik Buterin）在以太坊上做的侧链被称为雷电网络。他们提高交易容量的解决方法，就是把频率高、金额小的交易甩到链外，然后在固定时间段将交易的净额更新到链上。这个方法主要用于处理本地的用户交易。

闪电网络

闪电网络的设计思想最早是由约瑟夫·朴恩于 2015 年 2 月在论文《比特币闪电网络：可扩展的链下即时支付》（The Bitcoin Lightning Network: Scalable Off-Chain Instant Payments）中提出，主要由两个核心概念组成，一个是 RSMC（Recoverable Sequence Maturity Contract），另一个是 HTLC（Hashed Time Lock Contract）。其实质上是基于多重签名地址建立微支付通道。RSMC 利用多重签名地址解决了链下交易的确认问题，而 HTLC 则利用限时转账先冻结一笔钱，建立资金池，解决了微支付通道的问题。

那么，交易双方的每笔交易都会在链下经由双方签名认证，共同确认。当需要提现时，只需要提现方提供最新的双方签名资金分配方案，将交易结果写入链上区块中，最终确认即可。

所以，只要交易双方在区块链上预先设有微支付通道（资金池），就可以实现多次、高频、双向通过轧差方式确认的微支付。当然，交易双方如果在区块链上没有直接的点对点支付通道，但只要存在一条连通双方的、由多个支付通道构成的支付路径，那么闪电网络也可以利用这条支付路径实现资金在双方之间的可靠转移。

雷电网络

雷电网络的原理和闪电网络一样，只是不同于闪电网络利用多重签名建立微支付通道，雷电网络的支付通道建立是通过智能合约来实现的。因为以太坊能够支持智能合约，而且能够支持更多的条件判断。

3.3 分片

3.3.1 比特币的 UTXO 账本模式

介绍分片，要先从比特币说起。其实，所有的区块链都可以抽象为两个部分：分类存储和运算。

比特币可以被看作一个存储数字的分布式账本，也就是账户余额。它是一个实际只有两种状态的现金交易系统，即账户余额只有两种状态：花掉的钱和没花掉的钱。这就是比特币的 UTXO(Unspent Transaction Output) 账本模式，中文翻译为"未花费的输出"。Transaction 在比特币社区里通常被简称为 TX，所以上面这个短语缩写为 UTXO。

那么，在比特币的区块链账本里记录的每笔交易都包含若干的交易输入，即资金来源；也包含若干的交易输出，即资金去向。一般来说，每一笔交易都要至少花费一笔输入，产生一笔输出，而其所产生的输出就是"未花费的输出"，即 UTXO。它的特点就是简单。

比特币的挖矿采用 PoW（Proof of Work）共识机制。在形成共识时会出现暂时的分叉，即出现分叉链，这就需要 6 个区块来确认。确认的方法是选择最长链，哪条分叉最长就去哪边挖矿。这是 PoW 的一个弱点，即达成的共识并不是终极共识，需要二次确认才能成为终极共识。而那些在非最长链上的块被称为孤块（Orphan Block），随后就被放弃了。

3.3.2 以太坊的智能合约

以太坊的本质就是一个基于交易的状态机（Transaction-based State Machine），它可以被看作是存储图灵完整代码和状态转换运算的分布式账本。它引入了智能合约，用户可以创建智能合约，并调用智能合约的功能来更改其内部状态。相对于比特币的 UTXO 账本，以太坊大幅增加了对大量复杂状态的记录能力。这种革新使以太坊成为一种状态复制机（State Replica Machine），而这种状态复制机采用了拜占庭容错机制（BFT），进而开启了区块链的智能合约时代。

和中本聪做的挖矿 PoW 共识机制不同，以太坊的挖矿共识机制在 PoW 的基础上进行了优化，引入了 GHOST（Greedy Heaviest Observed Subtree）协议和叔块（Uncle Block）的概念。

GHOST 协议不认为孤块没有价值，而是会给予发现孤块的矿工回报。在以太坊中，孤块被称为叔块。GHOST 协议支付报酬给叔块，激励了矿工在新发现的块中引用叔块。而引用叔块会使主链更重（包含子块数目最多为基本原则）。在比特币中，最长的链是主链。而在以太坊中，最重的链是主链。那么，以太坊的这些优化确认方法，通过 BFT 算法使每一个节点和其他节点一对一沟通，最后达成的共识就是终极共识（Consensus Finality），而不需要再次确认。

BFT 算法，尤其是 PBFT（Practical Byzantine Fault Tolerance，实用拜占庭容错算法[①]）以及各种改进的 BFT 算法都涌入了区块链。这里面有很多技术细节，但是可以归纳为一点：应用比特币和以太坊的 PoW 算法（俗称挖矿），其优点就是全球铺开方便。例如，比特币有几千个验证节点，以太坊有 2 万~3 万个验证节点（2018 年 3 月到了 2.5 万个），但是其交易处理速度比较慢，比特币是 7 TPS，以太坊大约是 20 TPS。应用 PBFT 算法正好相反，其交易处理速度可以比较快，例如，可以做到 1 万 TPS，但是节点支持少，很难超过 20 个。而且，很多都在一个数据中心，甚至可能在数据中心的同一个机箱内。

近年来，希望改进 PoW 的交易处理速度的努力主要体现在 PoS（Proof of Stake，权益证明）和 DPoS（Delegated Proof of Stake，委任权益证明）上面，就是不再通过哈希碰撞来挖矿，而是看谁手上的原生虚拟通证数量多且时间长。这种做法大概可以将处理速度提高到几千 TPS，例如 2000~5000TPS 这个级别，而不牺牲全球铺设的优点。

但是，PoS 和 DPoS 也有一定的短板，就是相对于 BFT 经过严格的理论验证，PoW 经过 7 年多的实践验证都行之有效，而 PoS 并没有在大规模的网络中受到考验。从以太坊的发展方向[②]看，它的 PoS 方案被称为 Casper，大概需要 2 年时间才可以考虑到实际落地。而且，因为从 PoW 到 PoS 的转换会涉及

[①] 该算法是卡斯特罗（Miguel Castro）和芭芭拉·利斯科夫（Barbara Liskov）在 1999 年提出来的，它解决了原始拜占庭容错算法效率不高的问题，将算法复杂度由指数级降低到多项式级，使拜占庭容错算法在实际系统应用中变得可行。该论文发表在 1999 年的操作系统设计与实现国际会议（OSDI99）上。这位芭芭拉·利斯科夫就是提出著名的里氏替换原则（LSP）的人，2008 年图灵奖得主。

[②] Casper 有 2 种，由弗拉德·赞菲尔（Vlad Zamfir）带领研究的 Casper the Friendly Ghost（CTFG）和由维塔利克·布特林带领研究 Casper the Friendly Finality Gadget（CFFG）。

目前的社区利益分歧，非常可能的妥协结果就是一个 PoW+PoS 的双头共存局面。这种结果会导致问题变得更加复杂，从而无法解决以太坊的速度短板。

3.3.3 分片技术原理

通常情况下，区块链网络的处理速度在很大程度上是依赖单一节点的处理速度。但是，随着越来越多的验证节点加入区块链网络，系统速度及性能并非简单地得以提升，此时的系统反而会面临由于节点之间点对点通信路径的成倍增加而导致网络拥堵的问题。例如，采用 BFT 共识协议的区块链网络，如果节点超过了 16 个，速度将会变得十分缓慢。

分片协议正是为了应对该问题而提出的一种解决方案。其核心思想是将网络中的所有节点分成若干个子群体，这些子群体通过预定义的方法执行原来所有节点都要处理的工作，从而达到提高系统处理能力的目的。

分片协议规定，为了维持系统的容错性，分片的节点数不能低于一定数量。例如，考虑到对于拜占庭容错算法，50 个与 500 个节点数在验证过程中并无太多的区别，那么系统可以将区块链网络的最低节点数设定在 50。在系统采用了分片技术的前提下，区块链网络中参与的节点越多，表明系统可以分出的片越多；而分出的片越多，表明区块链网络同时处理智能合约的数量就越多。那么，采用了分片技术的区块链系统的速度将得到显著提高。

3.3.4 Zillqa、以太坊和墨客

Zilliqa 分片策略

Zilliqa 项目旨在通过分片和独特的共识机制来提高区块链的吞吐量。在 Zilliqa 的设计中，每 600 个节点被分配为一个网络分片，由多个分片形成的并

行网络就是分片网络。这类似于物理学中的并联和串联,将每600个节点放入分片内进行串联,然后再将不同的分片进行并联。

考虑到Zilliqa项目中,系统使用的共识机制是实用拜占庭容错,当系统将每个分片的节点数设置为600时,其速度的瓶颈就会凸显。项目方对此提出的解决方案是在每个分片的600个验证节点中选出一个组长,其他599个验证节点都知道该组长的身份信息。于是,原本每个验证节点都需要向另外599个验证节点发送验证信息的机制(拜占庭容错的要求),就成了只需要给组长发送验证信息;组长收到所有验证信息后,通过一个多重签名来记录验证的结果。因此,验证环节中的信息量将会大幅度减少,系统速度得以提升。

但是,Zilliqa的解决方案也存在不少问题。

第一,组长的中心化角色是一个软肋。假设其他599个验证节点中有一个节点被黑客控制,那么这个节点就可以轻易地通过DDoS攻击(Distributed Denial of Service,分布式拒绝服务)使分片失效,最终导致系统崩溃。

第二,采用拜占庭容错机制的系统事先不假定网络中的验证节点知道其他节点的身份,而Zilliqa项目中由于组长节点身份的特殊性,组长节点需要确认其他599个验证节点的身份以确保分片的可靠性,那么显而易见,这样的验证节点区分机制与拜占庭容错机制的本意是相违背的。

第三,Zilliqa系统是硬分叉与硬分片。也就是说,系统会按照固定的分片原则分好片,然后将不同的交易分到不同的片里。同时,系统还要根据地址判断,保证同一个地址去同一个片。这样不仅增加了系统的复杂度,也增加了交易出现双花的潜在风险。

以太坊分片策略

以太坊目前的分片策略是在一个合约处理周期内将网络中所有的节点分成

若干份，然后将合约分配给每个分片。当该合约处理周期结束时，系统会根据实际情况对下一个合约进行重新分片。

这里会有以下几个问题：

（1）需要一个全局的存储器来保存分片信息；

（2）周期通常比较长，如果节点数动态变化比较大，那么分片的信息会很容易过时；

（3）周期结束时，当前分片处理的合约必须重新分配到新的分片，因而造成不必要的切换资源操作；

（4）分片的共识方式与底层的共识一样，这样分片的功能必须等主网切换到 POS 才能采用。

墨客分片策略

墨客（MOAC）的底层采用了 PoW 的方式保证数据的一致性，其底层母链节点一般称为验证节点（Validation Node，V-Node）。

分片处理的节点称为智能合约服务器（Smart Contract Server，SCS）节点，每个 SCS 节点通过一个 V-Node 接入母链，这样 SCS 节点可以通过 V-Node 获得全局一致性的区块信息。各个 SCS 之间的通信必须通过 V-Node 转发信息，从而避免 SCS 受到 DDoS 攻击，如图 3-1 所示。

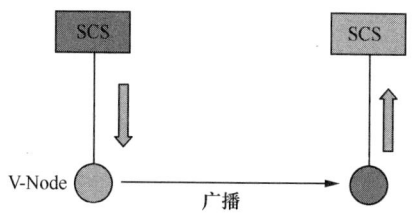

图 3-1　SCS 节点之间通信通过 V-Node 底层网络示意

SCS 节点具有以下特点：

（1）每个分片有自己的存储，就是分片的区块链；

（2）SCS 可以有不同于底层 PoW 的共识方式，如 PoS、PBFT 等；

（3）SCS 的区块生成时间可以与底层不一致，例如，可以采用快速的区块周期来进一步提高处理速度；

（4）SCS 周期性地向底层同步状态结果，从而获得阶段性的全局一致性。

与以太坊等设想的分片方法不同，墨客分片采用合约驱动的模式，即一个合约对应一个系统分片，如图 3-2 所示。合约创建时自动随机选择相应数量的 SCS 节点，形成一个分片来处理这个合约。这个合约的生存周期，从创建到结束合约都在分片中实现。当然，中间如果需要，可以重新选择分片 SCS 节点。

合约的执行尽可能都在 SCS 端执行，V-Node 只处理支付交易和必要的合约调用。如果能够有 100 个分片，那么合约处理的速度将提高到 100 倍或更多。同时，底层将处理大部分支付交易，这部分的逻辑比较简单，完全可以降低支付交易的手续费，从而进一步提高处理能力。

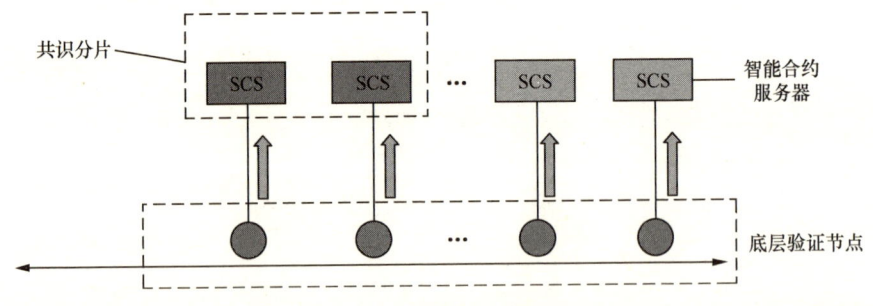

图 3-2　合约驱动的墨客分片

存储器的价格则更不是问题。对于普通用户而言，因为有 SCS 可以参与挖矿，并不一定需要部署一个 V-Node，只要有信任的 V-Node 可以接入就行。

这样，墨客系统会形成两个层次的挖矿节点。

（1）大量运算能力强、网络带宽高、存储容量大的 V-Node 执行 PoW，并提供 SCS 接入服务，维持网络必需的挖矿能力，这个数量在几千到一万台之间。

（2）海量基于中央处理器的 SCS 用于处理合约的执行。针对子链的共识多样性，这样的 SCS 节点甚至可以是手机等移动设备。SCS 节点的数量可以不受限制。在目前的架构下，可以有几十万甚至几百万台 SCS 参与，而不会影响系统的性能。

墨客系统将提供一些主要的共识协议的分片实现，如 PoS、PoA（Proof of Authority，权威证明）等。用户也可以实现自己的共识协议，作为 SCS 的一个插件。这样就形成了子链。

3.4 分层

3.4.1 分片的瓶颈

比特币的共识机制是 PoW，而 PoW 作为底层共识机制会面临两个问题：第一，矿池带来的矿机算力集中化；第二，矿机数量受矿机经济学的限制，有一个动态平衡的矿机数量上限。对于比特币和以太坊这样的公共系统，矿机规模越大，去中心化越落实，系统的安全性就越高。然而，当矿机数量（算力）超过万台之后，因为矿机经济学的原因（即挖矿的奖励和耗费的成本之间的平衡），矿机数量基本会有一个上限，而不会无限增长。

所以，对于采用了分片技术的系统来讲，系统的扩展性会受到矿机规模的限制。例如，系统设定按照每 300 台矿机分一个片，那么 3000 台矿机对应 10

个片，10000 台矿机就是对应 33 个片。如果应用推进顺利，用户数量增长较快，促使矿机数量增长到 30000 台，假设每个片的处理速度能够达到 1000 TPS，那么系统的极限处理能力就是 10 万 TPS，这就是系统的上限。

3.4.2 分层技术原理

为了解决分片对系统处理速度造成的瓶颈，社区提出了分层（Layered Structure）的概念，即在系统架构上分出不同的功能层，各自执行不同的功能。例如，将系统解构成包含 P2P 网络层、区块链层、交易层、智能合约层、API 层等各种功能层，如图 3-3 所示。不同的功能层在系统中完成其特定的功能。

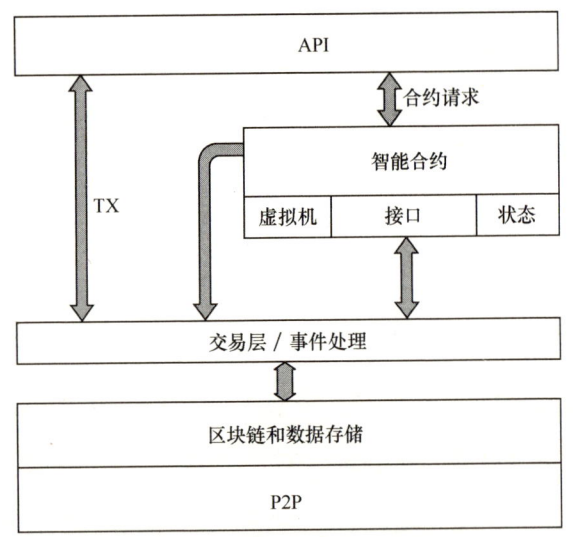

图 3-3　系统的分层示意图

建立在分层技术的基础上，智能合约层的挖矿，如星际存储系统（IPFS）挖矿或物联网（IoT）挖矿都可以通过智能合约的建立方来支付矿工费。这就跳出了矿机经济学的限制，变成了谁设立（智能合约）谁付费的原则。这样的转变使 SCS 节点数在理论上可以无限增长。所以，在系统上线之初，SCS 节点就会随着智能合约的大量上线而有可能突破 10 万个，甚至突破百万个。

智能合约层的运行需要考虑应用场景的多样性。应用场景的多样性可以类比高速公路的情况。高速公路不光要保证汽车在上面行驶的速度，同时也需要保证可以容纳不同种类的汽车，如载重卡车、越野车、家用车，甚至是摩托车。对应到智能合约层，项目方需要可以自由选择智能合约所需要的节点数目、不同的共识机制、区块的速度及主网刷新的时间等。也就是说，系统只需要提供一个基础框架，然后让项目方根据不同的应用场景灵活调整其功能。

3.4.3 墨客的分层技术

墨客分层技术的提出，正是基于前文所述的分层概念。同时，为了能够在大型网络中部署分布式系统，吸引更多的参与者，并保持高吞吐量和低延迟时间，墨客提出了分层的共识堆栈技术解决方案。其具体实现机制如下。

（1）采用分层结构

墨客系统将简单的原生交易（Balance Transfer）和智能合约的执行分开处理，底层以 PoW 的方式处理所有的原生交易和全局合约，解决全局一致性和双花的问题。系统智能合约部署在上层，通过特定的共识机制处理，并采用分片技术将系统 TPS 提高 100 倍。

（2）智能合约即子链（Smart Contract as a Micro-chain，SAAM）

每个部署的智能合约其实是一个子链，它可以自己选择所需的验证节点（挖矿节点），选择适合自身的共识机制，有自己的区块链来保存状态。子链采用定期刷新的机制将自己状态的哈希值写入底层区块链，以实现最终共识。

（3）双层挖矿机制

底层的 PoW 采用与以太坊一致的挖矿方式，这类挖矿节点的数量在几千至上万个。上层的挖矿采用 DApp 支付挖矿费用的方式，按照使用的矿工数和单位产量来付费。这类挖矿节点的数量可以是几十万至上百万个。每个矿工以随机的方式参与某个子链,提供服务并获得收益。

在这样的配置环境下,上层挖矿就不再是一个负反馈的过程。每个矿工产生一个区块的收益是相对固定的。如果有大量的应用部署上来,就需要大量的矿工来为这些应用提供服务。大量矿工的加入,一方面扩大了生态系统的规模,另一方面也提升了系统的服务能力,从而吸引更多的应用来平台上部署。

3.5 子链

3.5.1 子链技术原理

子链的定义

区块链 2.0 技术下,商业应用的落地依旧困难重重。例如,用户有一个新的想法,希望用区块链先期进行可行性实验,通常的做法是用户需要搭建一条私有链来验证,这在目前的区块链 2.0 技术框架下实现起来是有很大难度的。

为了解决这个难题,墨客团队率先提出了子链的概念。子链是指在母链的平台上派生出来的、具有独立功能的区块链。这个设计思路借鉴了互联网的解决方案,即在公共区块链上搭建一个逻辑区块链。该逻辑区块链被称为子链。

在互联网上搭建私人网络,通常的做法是搭建虚拟专用网络(Virtual Private Network,VPN)。简而言之,就是在互联网的基础上搭建一个虚拟的私人网络,这个网络不是物理的,而是逻辑的,基本原理就是加密。在物理的网络交换器上也有虚拟网的概念,即虚拟局域网(Virtual Local Area Network,VLAN)。

子链是一种逻辑上的划分,而不是物理上的划分。所以,通过区块链的分层架构和逻辑分片,可以在主物理链上生成多个逻辑子区块链。这些逻辑子区块链可以选择不同的共识算法。而且,不同子链里面的状态可以和主物理链里面的状态保持同步。

当然,子链是在母链的平台上派生出来的、具有独立功能的区块链,它不能单独存在,必须通过主链提供的基础设施才能运行,但可以免费获得主链的全部用户。

子链和侧链的区别

子链和侧链是两个不同的概念。

侧链本身是和主链平行运行的区块链系统,并且能够不依赖主链而独立运行。从本质上讲,侧链其实是存在于主链之外的独立区块链系统。侧链网络中的节点是点对点相互连接的。目前的侧链都是中心化的系统,这是因为与主链算力相比,去中心化的侧链系统的网络算力将会非常小;同时,全网用以维持侧链运行的矿工的收益,远远小于黑客攻击侧链而拿走主链锁定到侧链的通证的收益。因此,去中心化的侧链系统比较容易受到攻击,也无法解决安全性的问题。

子链的安全性就完全不同。以墨客子链为例,墨客子链需要依赖主链的基础设施才能运行。具体而言,子链之间的每一个节点之间是不能直接互相通信的,它需要以对应的下层验证节点作为通信中介进行通信。所以,如果要攻击一个单独的子链,就必须攻击整个主链,而主链有成千上万个节点并使用经过时间检验的 PoW 共识机制。因此,墨客子链的安全性和主链是同一个级别的。

3.5.2 以太坊子链

2017 年 8 月,以太坊创始人维塔利克·布特林和闪电网络创始人约瑟夫·朴恩在"白皮书"《Plasma:可扩展的自主智能合约》(*Plasma: Autonomous Smart*

Contracts）中提出了一种以太坊缩放解决方案——Plasma，涉及主区块链上的第二层智能合约。与分片类似，该方法意味着网络不必验证和广播每个合同事务。智能合约交易在子链上完成，以减少主区块链的流量。

Plasma 解决方案的亮点在于其系统将子链和链上应用结合起来。而且，子链不是采取链式结构，而是采取树状结构，这样系统就可以用 MapReduce 架构的方式来实现区块链的功能计算。

Plasma 子链由以下两个关键部分组成：

（1）将所有区块链计算重新构建为一组 MapReduce 函数；

（2）在现有的以太坊区块链之上建立一个使用权益证明机制进行共识验证的子链。

从概念上讲，Plasma 与比特币核心开发团队的扩展解决方案隔离见证非常相似，因为它消除了智能合约中不必要的数据，并且只把梅克尔树（Merkle tree）的处理结果向公共的以太坊区块链广播。

综上所述，Plasma 的核心思想在于通过减少传递给以太坊根区块链的信息量和交易规模，使以太坊区块链系统能够以更低的成本来处理智能合约和交易。

3.5.3 墨客子链

墨客子链技术是在墨客区块链的分层结构中通过建立不同的区块子链来并行处理交易的技术方式。在墨客区块链系统中，子链（上层区块链）可处理交易，拥有分片处理和存储能力，并在交易层中有使用不同共识机制的交易节点组合。进行交易时，子链可选择合适的共识机制进行验证，系统要求子链固定周期与主链（底层区块链）进行数据同步，以此保证区块链系统的一致性。具体地说，墨客子链技术具有以下几个创新点。

（1）良好的系统可扩展性

墨客子链实现了区块链系统的可扩展性，提供了一种解决区块链分片的确实可行的方案。在单一的区块链上解决分片问题是非常困难的，墨客区块链采用逻辑分片的设计，有效地解决了这个难题。对于一个智能合约来讲，墨客区块链系统引入了一个智能合约即子链的概念，即当系统部署一个智能合约时，系统会将该智能合约部署成物理主链下的一个子链。

这样的好处在于，智能合约的状态只需要保存在子链内部的区块链系统中，而不需要将与智能合约相关的一些状态信息同步保存在母链上。可以想象，当应用数量达到一定规模时，每个应用都需要保存自己的信息。在墨客区块链的架构下，子链只需要保存自己智能合约内的信息，而不需要把这些信息同步到母链上，这样就大大缓解了母链承受的压力。

另外，子链通常只需要选取少量的节点，如 100 ~ 200 个节点。根据统计数据，它们所能达到的安全性和选取所有节点的处理是一样的，可以通过子链选取少量的节点来实现相同级别的安全性。

那么，区块链系统的可扩展性就能够通过增加子链的并行度来实现，这个并行度可以是 100、1000，甚至上万，取决于所能提供服务的节点数的多少。

（2）可定义的共识机制

对于区块链而言，部署完成后的共识机制是固定的。例如，比特币的共识机制是 PoW，在比特币系统上部署应用时就不能选择其他共识机制。如果项目方想要用快速的 PoS 共识机制来实现应用落地，考虑到底层的比特币系统是固定的 PoW 共识机制，项目方因而只能妥协或放弃。

但是，墨客区块链的子链功能可以根据项目方的应用需求来选择不同的共识模块。考虑到不同应用的要求是不一样的，墨客区块链系统会提供一个基本的共识机制，并且支持用户自己编写共识机制。

（3）快速的部署能力

墨客主链的生态环境能够快速地部署具有新功能的子链，而不需要维护单独区块链所需要的节点，以及支付吸引新的用户参与要付出的成本。这使部署子链的复杂度大大降低，只需要编写子链的共识及执行模块即可。

例如，某用户想创建一个共享空气质量监测信息的区块链，所需要的仅仅是编写一个墨客子链的共识插件及提供一个相配套的硬件，或者将传感器硬件与共识插件集成到一个硬件盒子中。一个硬件盒子对应一个 SCS 节点。这样，多个具备空气监测能力的 SCS 节点注册后构成了一个子链。在这个子链中，每个 SCS 节点作为矿工，通过共识来维护子链。同时，用户通过分享空气质量信息而获得系统给予的奖励。

（4）丰富的子链功能库

应用构建在一个子链上是完全可行的，但子链不应仅仅当作一个应用的私有链。抽象地看，子链完全可以是一个公共服务，即带有服务性质的子链。在这种前提下，子链就可以为其他子链或去中心化应用提供特定的服务。这些服务可以是去中心化的文件存储，或者是一个随机数字生成子链，或者是一些具有专业处理能力的子链，例如，具备人工智能深度学习功能的子链。

在多样的子链服务的支撑下，系统可以构建功能非常强大的去中心化应用，甚至去中心化云服务，这样的应用将很有可能改变现在的云运营方式。

3.6 跨链技术

3.6.1 跨链的缘由

目前产生数字资产的来源主要有以下几个：

（1）智能合约产生数字资产；

（2）各种私有链和联盟链产生数字资产；

（3）公有链产生数字资产。

目前各类区块链项目大多是在自己的孤岛上单独存在，而跨链（Cross-chain Atomic Exchange）技术可以把这些孤岛连接起来。因此，跨链将是区块链的下一个杀手级应用。

连接各个孤岛的桥梁就是各种数字资产兑换的交易平台。当前两个区块链数字资产之间的兑换有两种方式。一种是采用线下的方式，找到一个可信的有相反需求的其他买家，甲把 A 数字资产转给乙，乙把对应的 B 数字资产转给甲。这种方式比较低效，很难找到可信的对家，执行的风险也很大。另一种就是普遍采用的中心化交易所，用户把各自的数字资产充值到交易所，交易所在它的系统里记录每个人的余额，然后在交易所的平台上进行兑换，直到买家从交易所取出相应的数字资产。中心化交易所存在的问题是显而易见的。在监管缺失的情况下，中心化交易所可能存在内幕交易、伪造交易、资金挪用等。而且，中心化交易所很容易受到主权机构的控制。

3.6.2 Polkadot 的跨链技术

Polkadot 是一个可伸缩的异构多链系统，其本身被设计成不提供任何内在功能应用。

Polkadot 将其他的所有区块链都定义为平行链（Parachains）。跨链交易通过中继链（Relay-Chain）技术，将原有区块链（某平行链）上的通证转入类似多重签名控制的原有区块链地址中，并对其进行暂时锁定。跨链交易结果通过中继链传递，交易结果的有效性将由中继链上的验证人投票决定。同时，中继链还引入了钓鱼人（Fishermen）角色对交易进行举报监督。其具体原理如图 3-4 所示。

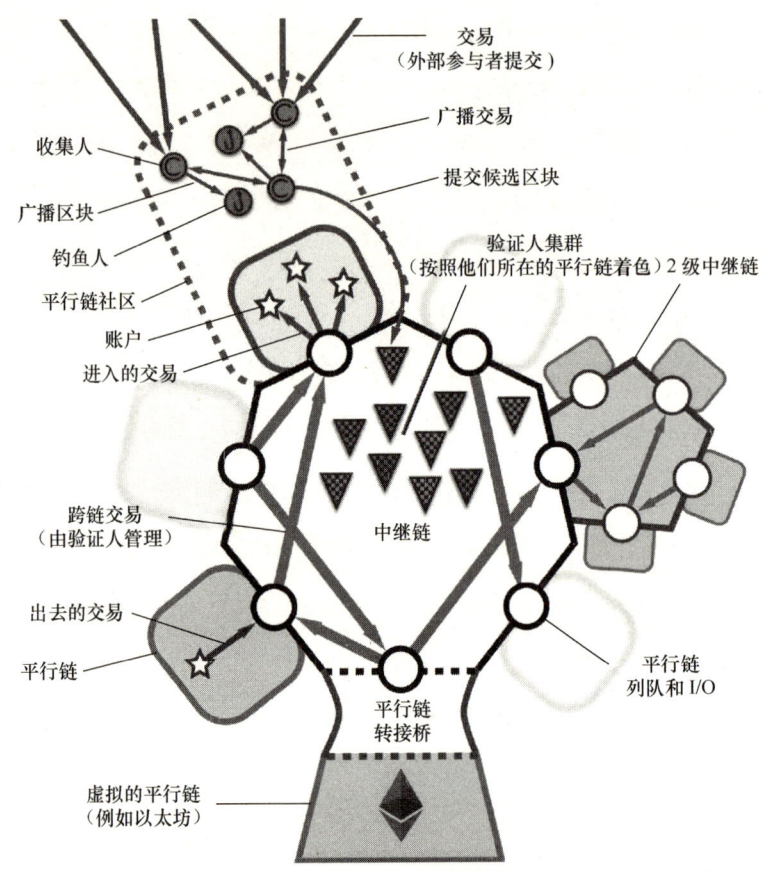

图 3-4 Polkadot 的跨链原理

从交易协议来看，Polkadot 的跨链交易和目前标准的外部交易没有区别。这些交易都会有交易发起方字段，用于辨别平行链的身份。但是，Polkadot 跨链交易需支付的手续费并不像目前的比特币或以太坊系统那样，而是必须通过交易发起方平行链和交易目标方平行链的谈判逻辑来管理。其具体实现机制是通过一个简单的队列来解决，这个队列用梅克尔树来保证数据真实。这些队列在中继链上管理，允许各平行链相互决定它们的饱和度大小。如果目标方平行链达到饱和状态后，发起方平行链再向停滞的目标链发送交易，中继链就可以同步报告错误。

在 Polkadot 系统中，中继链的任务是把从发起方平行链的出口队列转移到目标方平行链的入口队列（图 3-4 中每一个白色圆球表示一条平行链）。已转发的交易会在中继链上被引用，而不是中继链自身的交易。

为了预防一条平行链向另一条平行链发送垃圾交易，系统规定发起方平行链发送每一个交易时，目标方平行链的入口队列不能太大。如果区块处理完后入口队列太大，那么目标方平行链会被系统判定为饱和状态，系统在接下来的几个区块里就不会再传递交易给该目标方平行链，直到该目标方平行链的入口队列降到临界值以下。

目前，Polkadot 还是以以太坊为主，实现其与私链的互联，并以其他公有链网络为升级目标，最终让以太坊直接与任何链进行通信。

3.6.3　0x 协议跨链技术

0x 协议的诞生，是希望通过制定一系列通用的智能合约来解决 ERC20 标准用户通证间的互换问题。由于以太坊智能合约的存在，用户可以通过自行编写智能合约发行基于 ERC20 的用户通证。但是，以太坊区块链系统本身是单通证系统，与银关发行的通证[①]不同，通过以太坊智能合约发行的 ERC20 用户通证之间是无法互换的。要使不同的 ERC20 用户通证可以做到一对一的互换，那么系统必须对每一对交易建立一个新的智能合约，其代价将会使用于交易对的智能合约数量呈指数级增长，因而大大降低了系统的性能。

在 0x 协议上开发的去中心化交易平台，有制定 0x 协议的团队做的 0x OTC 项目，也有其他团队基于 0x 协议而开发的路印（Loopring）项目，其本质

---

① 多通证系统下，银关发行的 A、B 和 C 等通证是自带互换功能的。

都是基于以太坊区块链系统而建立的去中心化交易平台。

3.6.4 COSMOS

COSMOS 是一个涵盖众多独立区块链的网络，其中的每个区块链被称为空间（Zone）。COSMOS 旨在解决区块链交互操作和可扩展性的问题，其区块链间通信协议（IBC）可以实现区块链的互联，支持不同区块链之间的资产转移。

空间在 Tendermint Core[①]的支持下运行。Tendermint Core 是一个类似 PBFT 的安全共识引擎，兼具高性能、一致性等特点，而且在严格的分叉责任制保证下，能够防止怀有恶意的参与者做出不当操作。因此，Tendermint Core 的拜占庭容错共识算法非常适合用来扩展权益证明机制下的公共区块链。

COSMOS 上的第一个空间叫作 COSMOS 中心（COSMOS Hub）。COSMOS 中心是一种多资产权益证明"加密货币"网络，它通过简单的管理机制来实现网络的改动与更新。此外，COSMOS 中心还可以通过连接其他空间来实现扩展。

COSMOS 网络的中心及各个空间可以通过区块链间通信协议进行沟通，这种协议就是针对区块链的虚拟用户数据报协议（UDP）或传输控制协议（TCP）。COSMOS 网络中的通证可以安全、快速地从一个空间传递到另一个空间，两者之间无需体现汇兑流动性。相反，空间内部所有通证的转移都会通过 COSMOS 中心来记录。

另外，COSMOS 中心会将每个空间与其他故障空间隔离开，以此避免潜在的系统安全隐患。系统要求每个用户都将新空间连接到 COSMOS 中心，以保证 COSMOS 网络今后可以兼容新的区块链技术。

---

① Tendermint 是一种能够为多台机器安全和保证数据一致性复制应用程序的软件，该软件的通用应用接口共识引擎被称为 Tendermint Core。

3.6.5 墨客跨链技术

在 Polkadot 项目的"白皮书"里,加文·伍德(Gavin Wood)博士提到目前的各类区块链无法扩展,主要是因为现有的区块链系统无法将一致性和有效性做到很好的隔离,其根本原因在于区块链的状态转移机制和共识机制捆绑过紧。不论是采用 PoW 机制的比特币和以太坊,还是采用 PoS 机制的比特股,都存在上述问题。

墨客在系统扩展方面独创性地提出了分层机制,将状态转移和共识机制脱钩,并且引入了异步智能合约调用机制,以此来解决系统扩展性不足的问题。

对于墨客而言,通过异步调用智能合约的功能,系统可以将智能合约的执行跨过几个不同的区块;当这种功能被运用到不同的区块链上时,系统就实现了不同区块链之间的跨链功能。这是因为不同的区块链系统产生区块的时间不尽相同。以墨客和以太坊之间的跨链交易为例。如果用户在墨客上设定一个购买以太坊 ERC20 用户通证的合同,那么该合同可以在 5 秒间隔后跨出墨客当时的区块;该合同通过链外通信,等待以太坊的区块完成对应交易;再在第 N+2 个墨客区块完成墨客区块链上的交易。

墨客具体的跨链实现方式如图 3-5 所示。

(1)用户甲向用户乙发起交易请求。该交易合约被制定为:甲在墨客区块链系统中从地址 Am 发送 m 个 MOAC 到地址 Bm,乙在另一个区块链系统(如以太坊)中从地址 Be 发 n 个 ETH 到地址 Ae。

(2)在墨客网络中,系统基于甲的交易请求创建一个哈希锁的系统定时触发交易 T。甲同时会把 m 个 MOAC 发送到系统合约作为预备金,并由系统计算哈希值(T)。

(3)乙收到系统定时触发交易 T 后,执行以太坊网络中的交易合约,同时将哈希值（T）放入数据段。

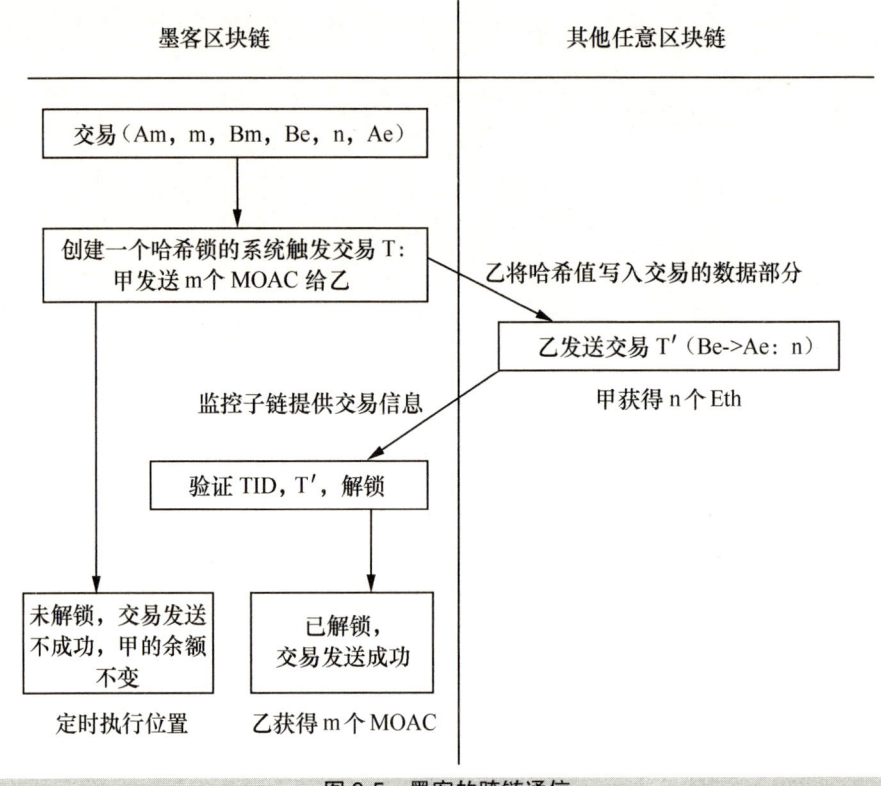

图 3-5 墨客的跨链通信

（4）乙在以太坊的交易确认后，监控子链将以太坊的交易信息作为参数调用系统合约，解开哈希锁。

（5）系统定时触发交易将在 k 个区块后执行该交易。如果交易执行成功，地址 Bm 将获得 m 个 MOAC；如果交易失败，系统会将所有 MOAC 退回给地址 Am。成功与否依赖于哈希锁是否被解锁，即是否有可验证的以太坊交易及哈希值（T）标识。

值得一提的是，在墨客跨链流程中，墨客区块链通过其他区块链的确认交易信息解锁墨客交易，以实现原子操作。这一步操作对其他区块链没有新的要求,只需要交易能附加数据信息即可(现有的区块链系统大多有此功能)。因此,墨客的跨链机制可以实现与现有区块链的跨链操作,而不需要对现有区块链做相应改造,大大提高了系统的扩展性。

以上案例中的跨链交易被称为原子交易。不同于目前各种跨链中存在的第三方角色,原子交易不需要通过建立一个中间托管账户来完成交易。在合约中,用户还可以定义等待多个确认区块后再执行完成交易。而缺乏异步调用合同功能的区块链系统是无法进行跨链原子交易的。

第 4 章
区块链促进产业创新

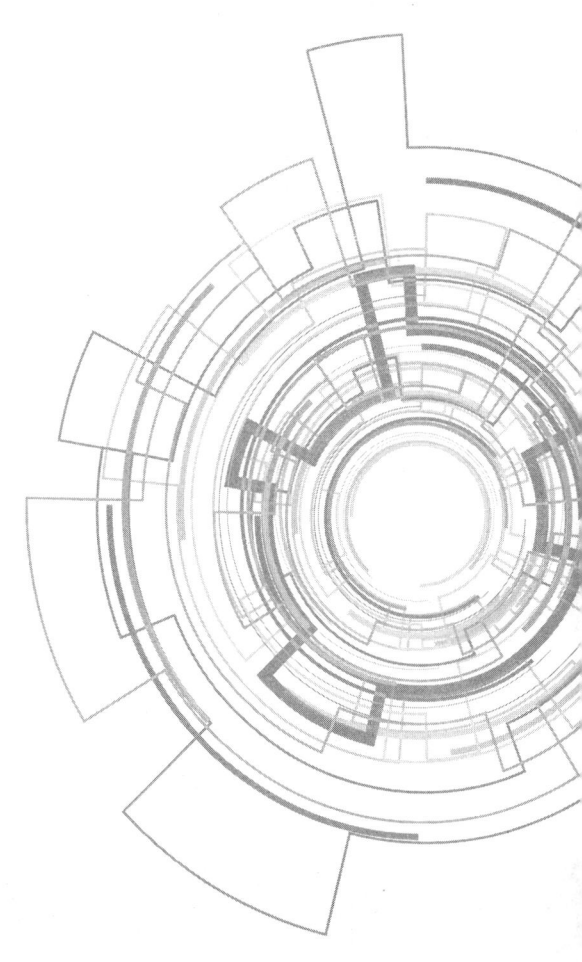

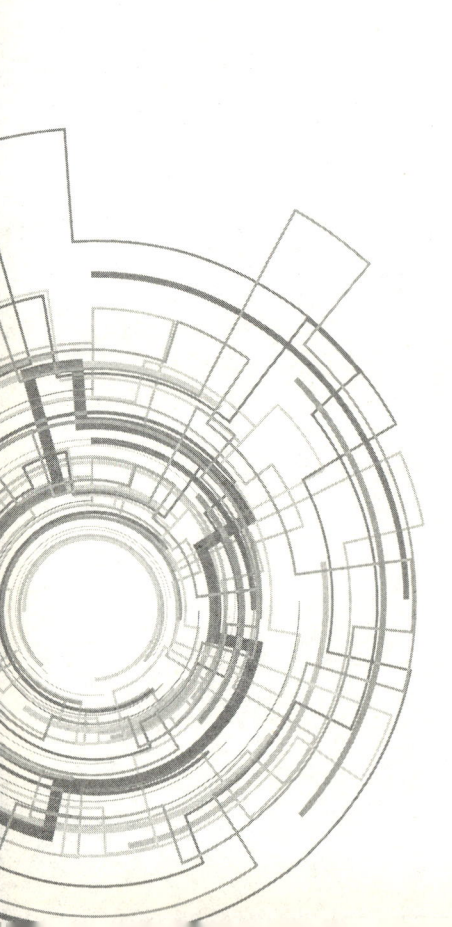

4.1 区块链电子发票

4.1.1 电子发票行业发展现状

根据艾瑞咨询的最新统计数据，2017 年我国网络购物的市场交易规模约为 6.1 万亿元，较 2016 年增长了 29.6%。然而，就是这样一个快速增长的市场仍存在各式各样的问题，最突出且普遍的问题就是开发票难。这不仅造成了巨额的税收流失，也给消费者维权带来了证据障碍，同时还给这个新兴的市场提出了监管难题。

面对市场乱象，如何规范电子商务的税收问题，已成为国家税务管理的重中之重，而加快普及电子发票则是当下政府税务部门工作的着力点之一。

2015 年，国家税务总局发布了第 84 号文《关于推行通过增值税电子发票系统开具的增值税电子普通发票有关问题的公告》（以下简称 84 号文），全面试点并推行电子商务发票电子化。这一举措无论是对政府监管，还是销售渠道、品牌商、消费者三方的利益，都有积极的意义。实施电子发票，可以促进电商企业的规范化经营，将纳税人的征管基本信息、申报信息、入库信息等都结合起来，全方位地监管纳税人。

在 84 号文的带动下，我国涌现出了许多第三方电子发票服务商及其建设的电子发票服务平台，从而极大地促进了增值税系统服务市场的良性竞争，降低了企业的电子发票应用成本，提高了用户服务质量。但是，现阶段这些服务平台之间的数据尚未实现互联互通，电子发票明细数据与版式文件数据分别存储在各电子发票服务平台上，形成了电子发票数据孤岛。电子发票入账报销所需数据需要到不同服务平台去获取，给企业和消费者带来了很多困扰。因此，为了推动电子发票服务平台发票信息的流通与共享，加快电子发票的推进进程，我国还需以电子发票数据互联互通为背景，打造开放共享的电子发票数据库体系。

由于各电子发票服务平台尚未实现互联互通，电子发票的受票方企业需要登录多个电子发票平台，核销企业电子发票。同时，企业还需要转变观念，接受新的报销流程。对于中小微型企业而言，真正实现无纸化报销，更需要具有很高的信息技术条件和成熟的云报销流程。但是，企业自身的财务系统往往无法对接电子发票平台，因而管理难度大。

电子会计档案的全面推行也需要时间。目前，电子发票仅仅是将发票以电子文件形式归档保存，这种归档形式对文件如何分类存储、如何关联业务单据、如何应对稽查审计提取等需要落地的细则缺乏支撑。而且，目前只有捆绑专用税控设备才能完成电子发票申领、赋码、生成、加密、抄送等业务流程。而专用税控设备，特别是税控服务器所带来的硬件成本一直居高不下。这里除了采购、安装成本之外，还包括维护专用设备的时间、人力、资金等不固定成本。

4.1.2 电子发票行业的痛点

当前，电子发票行业正处在快速推广期。经过近几年的发展，电子发票的应用范围已经覆盖了电商、公共事业、电信、金融保险、物流快递、餐饮等各行业。纳税人端的电子发票应用得到不断创新，发票开具与接收方式丰富多样，技术也经受住了市场的考验。电子发票能节约成本、提升效率的理念，以及具有绿色环保的特性在不断广泛传播。除了大型电商企业，传统的线下销售和服务业也日渐青睐于使用电子发票来提升自身的信息化水平和消费者服务质量。这些均是根据84号文的总体规划与指导取得的重要进展。

2016年1月1日之后，由于国家税务总局全面推行增值税电子发票系统升级版的政策利好，越来越多的企业愿意开具电子发票，纳税人端的企业信息系统与税控开票系统、电子发票服务平台产生了更深层的连接价值。电子发票服务平台也发展出多重含义，出现了面向所有开票企业、受票企业和社会公众进行服务的公共性质的电子发票服务平台，以及企业自建的电子发票服务平台、行业性的电子发票服务平台等。尽管发展迅速，但行业发展中还是有很多痛点。

真伪问题

尽管我国已经明确了增值税电子普通发票的开票方和受票方如果需要纸质发票，可以自行打印增值税电子普通发票的版式文件，其法律效力、基本用途及使用规定等与税务机关监制的增值税普通发票相同，但是电子发票在实际运用中，尤其在报销入账环节却碰到了打印发票的真伪问题。由于主要是消费者自行打印电子发票，所以在纸质、打印效果上都会有所差异。这就相当于取消了原来发票的物理防伪性能，将鉴别真伪的责任全都推给财务人员，从而对财务人员造成了巨大的压力，并在发票能否报销上产生了很多争议。

数据孤岛问题

目前，我国有多家电子发票服务平台，各平台之间没有统一的业务规范和技术标准，数据尚未实现互联互通，电子发票的版式文件存储在各种平台上，消费者进行发票查验以及下载企业入账报销所需的电子发票数据需要到不同平台去获取，因而形成了电子发票数据孤岛。

数据孤岛的出现不利于电子发票服务商提供电子发票一体化报销、入账、归档服务。目前，国家税务总局没有向各电子发票服务商明确开放增值税电子底账库或增值税查验平台的系统对接接口，在84号文中也找不到对应的技术实施方案。

入账报销问题

目前，特别是中小微企业，由于财务报销系统没有跟上电子发票入账报销的升级改造，电子发票使用、打印流程环节中有可能会出现利用现有打印漏洞重复打印多张电子发票、重复入账报销的问题。企业财务人员既无法实现电子化入账报销，又对电子发票的重复打印报销没有好的解决办法，也造成真票多头报销的税收管理风险。

社会广泛接受度问题

作为互联网时代的产物，电子发票有很多优点，可以完全取代传统的纸质发票。但是，在推行的初期，其试行领域主要在电商，消费群体主要以年轻人为主，对互联网产物的接受度较高，抵触心理较小；而目前电子发票的覆盖范围逐步扩散到餐饮、电信、酒店、快递等日常消费领域，面向的消费群体更加复杂，依旧面临大众对电子发票的了解欠缺，导致接受能力受限。

4.1.3 区块链解决方案

互联互通总体设计

电子发票数据互联互通总体满足三个方面的应用：一是需要满足国家税务

总局现有的税控体制，将全国电子发票开具数据上传至电子底账库；二是需要满足电子发票跨平台的数据共享与流转；三是需要满足企业电子发票报销入账数据的流转与获取。其总体规划设计如图4-1所示。

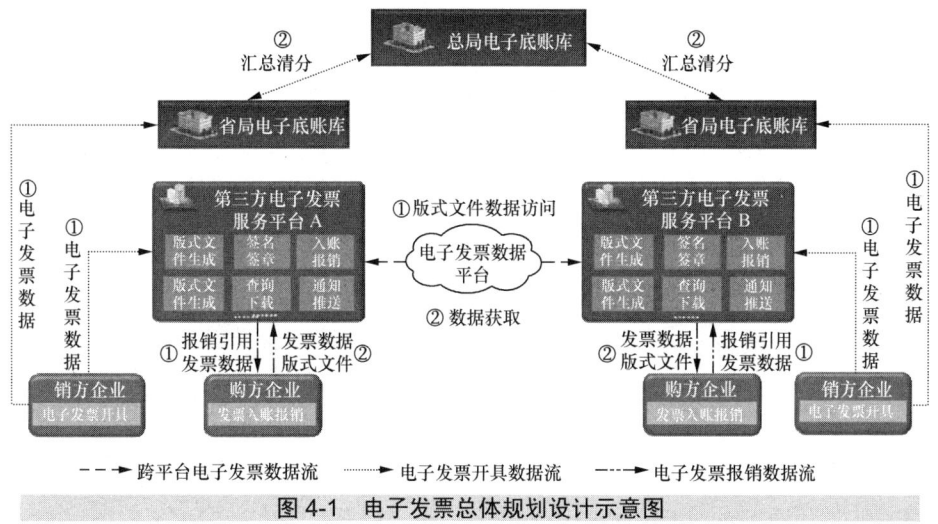

图 4-1　电子发票总体规划设计示意图

区块链技术应用

电子发票区块链网络主要由以下五部分内容组成。

（1）数字签名

电子发票区块链中的数字签名涉及一个哈希函数、发送者的公钥、发送者的私钥。数字签名具有两个作用，一是能确定消息是由发送方签名并发出来的，二是能确定消息的完整性。其工作原理如下。

发送方发送电子发票报文时用一个哈希函数从报文文本中生成报文摘要，然后用自己的私钥对摘要进行加密；加密后的摘要将作为报文的数字签名和报文一起发送给接收方；接收方首先用与发送方一样的哈希函数从接收到的电子发票原始报文中计算出报文摘要，再用发送方的公钥来对报文附加的数字签名进行解密。如果这两个摘要相同，那么接收方就能确认该数字签名是发送方的。

（2）SHA256加密算法

电子发票区块链中采用的SHA256是一种求哈希值的加密算法，其工作原理如下。

将任何一串数据输入SHA256，会得到一个256位的哈希值，其特点是相同的数据输入将得到相同的结果。输入数据只要稍有变化（例如，1变成了0），则将得到千差万别的结果。而且，结果无法被事先预知。正向计算（由数据计算其对应的哈希值）十分容易。逆向计算（俗称"破解"，即由哈希值计算出其对应的数据）则极其困难，在当前科技条件下被视为不可能。

（3）梅克尔树

电子发票区块链中采用的梅克尔树是一种哈希二叉树，使用它可以快速校验大规模电子发票数据的完整性。在比特币网络中，梅克尔树被用来归纳一个区块中的所有交易信息，最终生成这个区块中所有交易信息的统一的哈希值，区块中任何一笔交易信息的改变都会使梅克尔树发生改变。

梅克尔树的工作原理如图4-2所示。

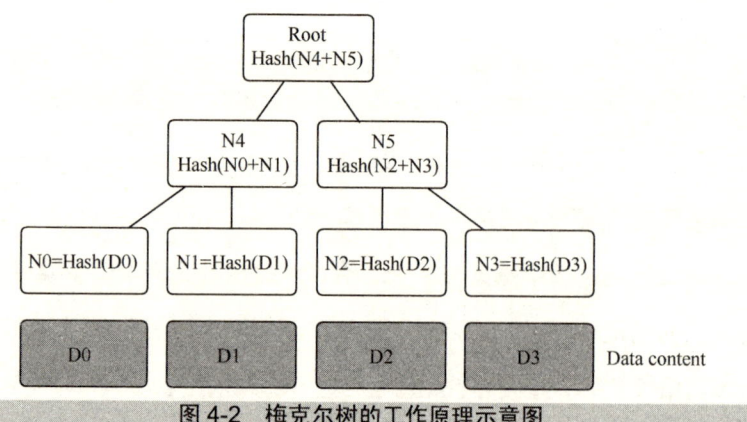

图4-2 梅克尔树的工作原理示意图

从图 4-2 的最底部，即梅克尔树的最底部开始看，D0、D1、D2 和 D3 是叶子节点包含的数据，即叶子节点的 Value；N0、N1、N2 和 N3 是叶子节点，它是将数据（D0、D1、D2 和 D3）进行哈希运算后得到的哈希值；N4 和 N5 是中间节点，为非叶子节点，它们分别是 N0 和 N1 经过哈希运算得到的哈希值，以及 N2 和 N3 经过哈希运算得到的哈希值（注意，它们是把相邻的两个叶子结点合并成一个字符串，然后运算这个字符串的哈希值）；接着往上，Root 节点是 N4 和 N5 经过哈希运算后得到的哈希值，即梅克尔树的根哈希值。

自上而下，由根哈希、非叶子节点、叶子节点和底层数据构成的倒树形数据结构，就组成了梅克尔树。

（4）时间戳服务器

时间戳服务器是一款基于 PKI（公钥基础设施）技术的时间戳权威系统，对外提供电子发票精确可信的时间戳服务。它采用精确的时间源、高强度高标准的安全机制，以确认系统处理数据在某一时间的存在性和相关操作的相对时间顺序，为电子发票系统中的时间防抵赖提供基础服务。该技术大多被用于进行电子发票的比对及验证处理。

（5）节点网络

任何机器都可以运行一个完整的电子发票节点。一个完整的电子发票节点包括以下功能：

① 允许用户在区块链网络得到身份认证后产生与获取电子发票；

② 拥有区块链的全网数据，记录了所有交易与电子发票历史，通过特殊的结构保证历史交易与电子发票的安全性，并且用来验证新交易与电子发票的合法性；

③ 通过记录交易与电子发票以及解密数学题来生成新区块，用于开具电子发票；

④ 具有路由功能，把其他节点传送过来的交易与电子发票数据等信息再传送给更多的节点。

区块链技术电子发票广播与流转

（1）创建电子发票生态区块链网络

基于联合（行业）区块链类型创建电子发票生态区块链网络，实际有三类节点：一是企业节点，二是各级税局节点，三是电子发票服务平台节点。企业节点以企业税号和税务数字证书公钥作为节点身份标识，税局节点以其单位名称或编号和税务数字证书公钥作为节点身份标识，服务平台节点以其单位名称或编号和税务数字证书公钥作为节点身份标识。

（2）电子发票数据流转

对于电子发票的初始号段分配，以税局为单位，设立电子发票号段分配账本。只有税局节点具有写发票号段分配的权限，相当于税局向企业分配空白可开具的电子发票。

对于电子发票开具，企业根据开票需求利用电子发票服务平台的"开具功能"，将信息数据打包成电子发票区块。

对于电子发票流转，基于各企业在电子发票服务平台生成的电子发票区块，利用广播向其他电子发票平台流转，实现受票方企业对接一家电子发票服务平台即可接收不同地区、不同平台开具的电子发票。

（3）电子发票入账报销数据获取

对于不同企业的电子发票记账，各企业可建立自己的销项发票记账链和进项发票记账链来实现。

受票方取得电子发票后可以访问开票方节点验证，或者直接使用开票方公钥验证，验证通过后将发票信息写入己方的进项发票记账链，同时也向开票方的销项发票记账链的对应块中写入记账块。这样任一企业的任一销项发票记账链中的发票块只能有一个合法的记账块，如果有多个记账块，可启用业务相关方共识机制进行判定，由此解决重复记账的问题。

4.1.4 行业展望

电子发票是经济社会进入信息化时代的产物，而区块链技术提供了解决财务监管电子发票难题的有效途径。

（1）防止电子发票重复报销

区块链可以完整记录电子发票的生命周期，其难以篡改的技术特点保证了电子发票数据很难被篡改；发票报销信息被有效记录，杜绝了假发票和一票多报的情况。区块链技术能够保证交易的每一个变化都记录在链上，并且在交易的每一个环节实时复制交易数据，从而保证了发票信息的可追溯性，避免开具发票后通过作废、冲销的方式避税。

（2）防止发票虚开虚抵

区块链技术通过去中心、分布式的技术特点，可以实现跨区域、跨企业的电子交易信息记录；通过大数据技术对电子发票进行分析，实时监控电子发票的流转状态。如果与企业业务系统对接，区块链技术通过业务数据、发票数据、财务数据的比对分析，可以判定纳税义务是否发生，交易双方的身份是否真实，从而减少人工干预，避免发生虚开虚抵的情况。

（3）打破数据孤岛，有利于数据交换

区块链技术通过去中心化、加密算法、公开可追溯的方式，实现数据的统一和整合，由政府机构及各大服务商作为节点，搭建税务机关及电子发票服务商之间的数据链条，提升税收管理与服务水平。

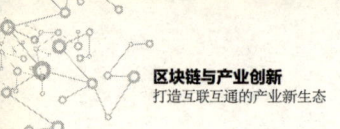

4.2 新零售

4.2.1 零售行业背景

在过去的 20 多年中，我国零售行业发生了翻天覆地的变化。从过去的各级批发站、百货商店、小卖部，逐步演变到以大卖场为代表的现代零售渠道和以批发市场及街边零售小店为代表的传统零售渠道。另外，随着互联网的发展，各种电商也如雨后春笋般不断发展壮大。

国家统计局的数据显示，2016 年社会消费品零售总额突破 33 万亿元。从全球的表现来看，我国零售市场已然成为世界上最具有重要意义的市场之一。

我国零售行业能够快速发展壮大的原因有很多，其中一个非常重要的原因就是过去 20 多年我国经济一直处于高速发展阶段。但是，如今我国经济开始进入新常态，消费者的消费行为经过这些年的迭代也在发生转变，这些都对零售行业带来了空前的压力。

现代零售渠道

当 20 世纪 90 年代中期以家乐福、沃尔玛、麦德龙等为代表的全球大型零售批发企业进入我国时，大部分行业人士都认为超级市场、仓储式批发等为代表的现代零售渠道一定会成为主流模式。但现实却是现代零售渠道努力了 20 多年，也仅仅是和传统渠道打个平手。而且，最近几年人力、房租、营运标准的提升导致各项成本大幅上涨，严重侵蚀了大卖场的盈利能力；缺乏可靠、有效的消费者洞察和大数据处理能力，更是削弱了大卖场的竞争力；再加上电商的挤压，大卖场的前途似乎已不再无限光明。

电商平台

近几年，以1号店、京东、天猫等为代表的电商企业可谓风光无限。但是，不顾基本商业规律的烧钱游戏虽然让线下零售感受到了严峻的压力，却仍然不能替代线下零售。于是，各路电商企业又纷纷布局线下业务。为了掩饰自己之前的盲动，各种新概念随之被不断创造出来，如O2O、下半场、新零售，等等。与此同时，线下的零售企业也不断尝试与线上融合。

传统零售渠道

典型的传统零售渠道就是看起来很不起眼的街边零售小店，它们从最初的柜台式销售，到现在根据市场需求而主动进化为开放货架。这种业态始终遵循着最基本的商业规律，拥有行业最低的营运成本、最符合消费者需求的产品组合、最灵活的服务和最贴近消费者的地理位置。街边零售小店的参与者都是各自分散的，所以市场化程度最高、竞争激烈但相对公平、能够存活下来的都是市场需要的业态。

反观国际知名的连锁便利店企业，基本都是中心化的管理机制，始终面临总部集中和门店分权的博弈。它们在十几年前曾经扬言要迅速消灭掉街边零售小店，但残酷的现实是这些连锁便利店直到今天还挣扎在亏损和微利之中。与其对应的是到2015年全国的零售小店就已经发展到了大约350万家以上，市场规模超过了1.5万亿元人民币。这也是近两年京东、阿里巴巴等巨头纷纷进军线下零售的原因。

4.2.2　传统零售渠道的痛点

虽然与现代零售渠道的大卖场和各种互联网的电商平台相比，零售小店具有强大的生命力，但是就传统零售渠道的现状而言，从厂家到批发商再到零售小店的整个供应链还有很多痛点，各方参与者都有自己现实的诉求和所面临的困境。

小店店主

（1）一站式采购

目前零售小店的经营模式都是店主从批发市场的经销商拿货，而每一个品牌可能有多个经销商。对于一家小店来说，销售货架上的商品会由很多品牌组成，店主就需要接待众多不同品牌商品的业务员，因而消耗大量的时间和精力。所以，零售小店的店主有强烈的一站式采购需求，以解放时间来提升个人的生活幸福指数。但目前的批发商模式是难以做到这一点的，店主只能一家一家地采购、运输，因而浪费了大量的时间和资源。

（2）银行信贷信用评估

小店店主想开新店，就要去银行贷款，但是目前的征信系统无法让银行看到零售小店的信用记录。虽然国家一直在支持小微金融、小微企业，但是真正落地却不太容易。关键在于无法有效征信，而且庞大的数据采集成本和采集技术难度都是很现实的问题。

（3）消费数据管理

现实中，零售小店更渴望实现对消费者的有效开发和管理，从而促进生意发展。但是，零售小店目前缺乏相应的技术能力，造成大量的消费行为数据不能被记录和利用。对于行业发展来说，这是一个巨大的浪费和损失。即便个别门店积累了一些消费数据，但单个门店的数据过于零散且可信度不高，所以不能有效地转换为行业大数据，也无法产生价值。

批发市场

传统零售小店的供应商大多是二三级的批发商,他们存在于各个城市的批发市场中,基本是经营一到两个商品品类。越来越微薄的渠道利润和自身能力的局限,让他们很难为店主提供全面的生意支持。此外,随着城市的不断升级改造,传统的批发市场在逐步消失或搬迁到偏远地区,它们也很难为零售小店提供及时、有效的服务。

快消品厂家

(1)销售数据

作为商品源头的快消品厂家也是困难重重。每个快消品厂家最关心的就是零售终端(零售小店)的各种销售数据,包括竞品状况、市场趋势、新品开发及终端消费者的消费行为等,希望这些销售数据能够透明化。但是,目前只能依靠调研公司的服务。然而,这些调研是通过采样估算的方法进行的,数据的真实性、及时性往往差强人意。而且,出于各种目的,调研公司有时会随意改动相关的数据。

(2)市场渠道费用

厂家每年会有很多的市场渠道费用投放到零售店,但是由于缺乏透明、可信赖的数据支持,这些费用有多少能够真正到达终端零售小店,多少被经销商截留,多少被内部成员截留,就值得商榷。为了监控渠道费用的投放,厂家往往会请第三方机构暗访,甚至请第四方机构来监督第三方的暗访,因此既花了很多费用也牺牲了效率。

综上所述,当前传统零售渠道面临的核心问题就是数据问题。既有终端零售小店交易数据不足、可信度差的问题,也有渠道流通环节中各参与方已有的数据孤岛问题。数据散乱、缺失、可信度差和垄断,造成了行业效率的低下。

4.2.3 区块链解决方案

基本思路

针对传统零售渠道各参与方的诉求和痛点,解决问题的基本思路可具体分为以下三个方向。

(1)升级零售小店现有的供应链模式和信息管理能力。

(2)实现厂家、零售小店到最终消费者的商品流、资金流和数据流的有效整合。

(3)建立去中心化的可信数据的确权和交易。

要实现上述三个方向的目标,在操作层面应解决的核心问题又表现在以下五个方面。

(1)如何确保准确的市场交易数据被保存和使用。新模式需要做到整个行业从厂商到最终消费者的交易数据公开透明、难以篡改、确权和交易。

(2)如何做到商品流、资金流和数据流的三流合一。

(3)如何打通零售行业各个经济主体的数据孤岛,做到全行业数据的互联互通。

(4)如何建立针对传统零售小店的小微金融服务。

(5)如何帮助传统零售小店经营可信的数字社区。

"区块链 + 零售"的解决方案

易孔链是以区块链技术为基础,集商品交易、大数据、小微金融及社区服务等多功能为一体的、去中心化的新型零售平台。概括地说,就是为传统零售小店做全品类解决方案，并整合了 B2B、B2C、B2M 的移动交易服务平台。这个平台通过应用区块链技术，打破了行业里信息共享、价值交互的壁垒，真正实现了全行业的商品流、数据流、资金流的三流合一。

平台上的商品流、数据流和资金流，通过在公链上建立的具有独立评估激励系统的不同功能子链来流转。这些不同的功能子链包含以下系统。

（1）商品交易系统

商品交易系统通过通证来激励零售小店客户将商品的交易数据自动写入区块链，区块链技术所具有的数据溯源属性和难以篡改属性能保证上链的交易数据会被准确地记录，因而改善了数据的可信度和有效性。通俗地讲，就是通过技术手段保证了高质量流通数据的生产。可信的流通数据又是零售小店信用的表征之一，为未来数据分析、数据挖掘、业务拓展提供了最基本的保障。

（2）区块链数据系统

区块链数据系统以通证为媒介，对行业内不同经济主体之间的数据进行确权和交易，实现全行业数据的互联互通。另外，厂商可以通过支付通证向零售小店购买或兑换新产品的陈列支持、促销支持、数据服务等。

不光是传统的零售小店，其他连锁经营机构也可以接入易孔链大数据系统，而接进来的媒介就是通证。这样就把原来零售行业中每一个经营主体的数据孤岛连接起来，为实现全行业数据的互联互通奠定了基础。对于整个行业来讲，就会有非常透明、可信的数据在系统里流通，因而极大地提高了效率。

（3）小微金融系统

零售小店的征信、授信、风控等，可以依托区块链数据系统整合的商品流、数据流、资金流运作，建立便捷、灵活、可信的小微金融闭环服务。例如，当银行基于区块链数据系统看到零售小店一年的商品采购量是 100 多万元时，那么贷款给小店 3 万元、5 万元或 10 万元，对风险的把控就是非常容易的。这也是传统银行想到却做不到的地方。

（4）社区管理系统

社区管理系统的主要目的就是帮助终端的零售小店进行客户管理。利用通证作为积分，对客户的消费行为或其他贡献行为进行不同程度的激励和打赏，以维护客户的忠诚度。

不同于传统的积分系统中积分只能兑换商品，易孔链中客户激励和被打赏获得的通证可以被定义为权益证明。例如，通证数量超过1000的持有者可以享受免费的雨伞租借服务。当然，不仅仅是免费的雨伞租借服务，基于通证的实际运用还可以进行深度开发，以增强消费者的黏性。

4.3 物流及供应链管理

4.3.1 传统物流行业背景

传统物流

相关统计数据显示，我国物流行业每年产出费用高达约6万亿元，全国约有1450万台货车、3000万名司机。由此可见，我国物流行业的规模非常庞大。但与美国相比，我国的物流水平却相差甚远，美国公路货车的空载率约为10%，而我国的空载率高达37%，造成了巨大的运力浪费。如果能降低空载率，将有利于国民经济的全面发展。

在此背景下，我国对智慧物流建设越来越重视。2016年，国家发改委发布了《"互联网+"高效物流实施意见》；2017年，商务部等五部门印发了《商贸物流发展"十三五"规划》；2018年，国家发改委、商务部、工信部等十部门联合发布了《关于加强物流短板建设促进有效投资和居民消费的若干意见》。多项利好政策的连续出台，对推动物流行业实现标准化、信息化、智能化、集约化、实名化给予了前所未有的扶持。值得一提的是，现今物流行业的从业人群将逐步向"80后""90后"过渡，他们在工作上更注重智能化及体验感，这为移动互联改变传统物流带来了重大的想象空间。

广东模式

广东模式主要体现为现代信息技术和交通运输技术在物流体系中的应用。

从2016年起，全国物流企业便开始将目光投向"互联网+"，整合资源，兴建大型物流平台。其中，作为国内先进物流模式的"领头羊"，广东省担当着重要的角色。广东省积极贯彻落实《国务院关于积极推进"互联网+"行动的指导意见》，制定了《广东省"互联网+"行动计划（2015—2020年）》和《广东省现代物流业发展规划（2016—2020年）》，大力推进"互联网+"高效物流发展，促进现代物流与工业高效联动发展，为广东制造业转型升级提供高效的供应链管理服务。其制定的目标任务主要涵盖以下几个方面。

（1）物流平台：建立全省物流信息网络，推动南方现代物流公共信息平台与省交通运输物流平台、各地市专业物流平台及车载平台等的对接，推进货运车辆与仓储设施、配送网点等信息互联，实现供需信息快速匹配；依托智慧物流平台大数据体系，建立物流诚信信息平台。

（2）物流服务：运用互联网发展物流金融、物流保险、在线交易、结算支付、物流配送等物流新服务。

（3）供应链管理：重点在装备、汽车、石化、家电、服装等行业开展供应链管理模式创新，推进上下游供应商无缝对接；推进工业互联网与供应链大数据应用融合,开展供应链大数据汇集、整理、存储、分析、挖掘、交易等服务。

随着先进信息技术在物流领域广泛应用,广东省的仓储、运输、配送等环节智能化水平显著提升,形成了依托互联网的智慧物流生态体系。

4.3.2 物流行业的痛点

物流行业虽然市场庞大且成熟,但仍然存在不少问题。例如,市场散、乱、小,个体户占整体的 80%;一台车、一间办公室、几个员工便是一家小型公司,其中 90% 的小型公司是无信息化办公;全国近 100 万家物流公司,达到 A 级资质的才 1000 家出头,大货领域仍处于荒蛮时代。而且,行业内人才奇缺,更是缺少懂"物流+互联网"的双重性人才。

信息孤岛化

物流行业仍属于传统行业,地域性强,信息化严重薄弱,企业之间信息资源连接不足,信息孤岛化严重。因此,物流行业的中间环节多,从货主到终端消费者需要历经物流公司、专线、车队、货车司机等几个层面的流转,导致物流成本居高不下,物流效率低。信息不透明,孤岛化的现象更导致行业出现货主找车难、车主找货难,尤其是返程找货困难。司机收入难以保证,季节性明显,从而导致行业出现信息中介,进一步拉高了物流成本,遏制了司机的收入。

税务混乱

物流行业的税务处理混乱,很多企业存在进项抵扣不足的问题。物流运输以外包为主,个体司机不能开增值税票,大量司机个人购买不实增票抵扣,一方面增加了税务风险,另一方面令国家税收流失。

技术水平落后

物流行业的信息化水平较低，监督不力，各方信息不对称。从目前来看，物流企业信息化建设仍处于相对原始、低级的阶段，大多数物流企业普遍缺乏运用现代信息技术的能力。90%的物流企业无信息化，没有任何管理系统，最多就是单机版的开单软件。而物流业务节点多，运输调度、司机管理、结算支付、对账核销、回单回扣等运作过程繁杂，行业普遍存在货物跟踪难的问题。订单及车辆管理混乱，各节点信息难以互联互通，对账结算耗费大量人力物力且出错率高，这些难题制约了物流行业的发展壮大。

诚信体系缺失

物流行业缺乏监管，规范化、标准化程度很低。随着物流行业的发展，物流企业诚信缺失的现象越来越严重。诚信缺失导致运输市场秩序混乱，出现垄断资源、欺行霸市的现象，运输过程中货物丢失及搞不正当竞争等损害托运人权益的违章违法行为猖獗，从而引起成本上涨，使运输双方陷入经济纠纷。

4.3.3 区块链解决方案

基本思路

（1）由中心化管理转换成去中心化管理

区块链的核心机制——去中心化，使数据在各交易方之间公开透明，从而在物流供应链上形成完整且流畅的信息流。这可确保各参与方及时发现供应链系统运行过程中存在的问题，并有针对性地找到解决问题的方法，进而提高供应链管理的整体效率。

区块链所具备的数据难以篡改与交易可追溯两大特性，能更好地解决物流供应链运转过程中各方可能产生的信用纠纷问题，实现轻松举证与追责，将货主、承运商及司机之间的信用体系顺利建立起来。

（2）盈利模式的变化

简单地说，传统物流行业的盈利模式是赚取运输服务费、仓储费及运输差价，而将区块链融入互联网物流平台便不再局限于传统的盈利收入。依托建立"区块链+智慧物流3.0"的新生态，平台内用户不再是纯粹的使用者，而是成了该生态圈的贡献者。

物流行业因采用区块链技术，使每组生产数据具备了可追溯和难以篡改的属性，数据本身将变得极具价值，进而衍生出一个传递价值的生态网络，打造诚信可靠、无法舞弊的多方盈利模式。

（3）利用区块链解决存在已久的问题

当前物流行业存在的问题有三个：其一，货主、物流企业和司机三方之间的信任问题；其二，物流企业各行其是导致信息孤岛化的问题；其三，物流运输过程中各节点的交易结算对账问题。而解决这三个问题则需要系统具备以下几方面的功能：

① 对货物运转过程中的实时信息进行有效的监控及溯源；

② 评估货主的信用；

③ 评估物流企业的资质及信用；

④ 评估司机的资质及信用；

⑤ 对物流企业之间的资源及信息进行整合升级处理；

⑥ 线上完成资金流，透明管理结算对账，规避行业不规范行为。

上述功能都可通过区块链技术的去中心化机制来实现，将信息网络转换成价值网络，让物流供应链的各方参与者共建信任联盟，携手共赢、长远发展。

"区块链+物流"的解决方案

（1）全国智慧物流协同共享云平台

智链通作为基于"区块链+物联网+智慧物流"建立的物流供应链协同共享云平台，将传统物流平台的优势与新型区块链技术有机融合，连接、赋能供应链上下游，为物流供应链产业提供全方位的智能硬件、SAAS平台、区块链、金融服务等整体解决方案，通过新科技驱动模式创新，降低社会成本，提高生产效率，促进国民经济发展。

平台涵盖了物流供应链一条龙服务，可实现从发起订单、装货、运输、跟踪、送达、支付、评价等一系列完整的运输过程；实现发货找车网络化，只需要发布需求信息，后台智能匹配，让货主轻松找到一手车源，车主轻松找到货源；实现信用体系、智能合约、金融保险、在线交易等功能全方位地保证运输安全。

平台旨在促进行业诚信体系的数据积累，降低公路物流运输成本，减少抄货抄运力的中间环节，解决行业信息不透明的问题；提升一线司机的收入，降低企业的发货成本，建立健康、高效的智慧物流体系，促进国民经济发展。

（2）平台核心功能

为了保障货主与车主双方的权益，平台包括订单管理系统、信用管理系统、跟踪定位系统、在线交易平台、云专线系统、智能匹配系统、物流大数据分析系统。这一系列功能应用可实现需求发布、同城收货、干线运输、同城分拨、回单、支付、信用贷款等全流程业务和服务保障，能够满足发货方、运力、同城、园区、仓储等各物流主体的需求。

（3）系统特点

① 智能合约签署，自动执行交易

货主与承运商可根据实际情况自行设定各自的合同交易条款,通过平台智能合约功能将包含该条款的智能合约扩散并存储在区块链上,以实现智能合约的签署。而平台的合约自动执行功能则会自动对车源和货源按照用户设置的条件进行供需智能匹配,根据预设合同条款自动达成交易、费用结算、电子对账、发票开具、签收等指令,让物流领域智能调度、线路优化更易实现,如图 4-3 所示。互信的 P2P 交易机制促进货主与承运商直接达成交易,最大限度地减少物流中间环节,降低人力物力成本,提高效率。

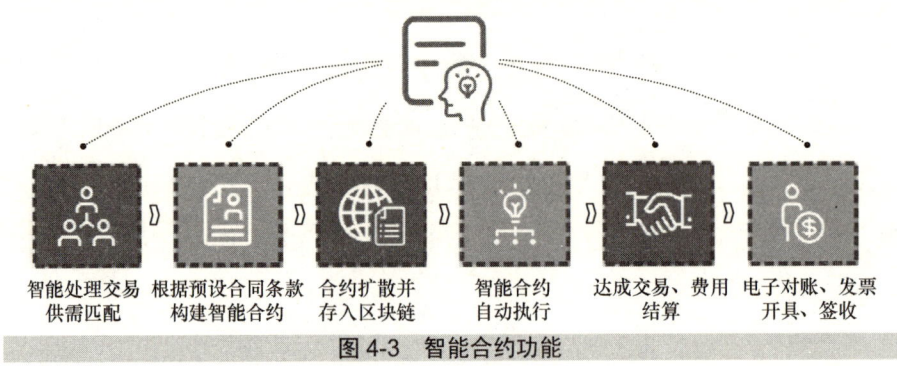

图 4-3　智能合约功能

② 多维信用评价,解决诚信问题

依据用户在平台的历史交易状况、履约能力、服务质量、客户评价等多维度信息,进行综合信用评级,划分诚信等级,全方位保障货主与车主双方的权益和运输安全,建立诚信、健康的智慧物流体系。基于区块链技术实现交易的可追溯性、透明性及难以篡改性,所有产生的数据均自带"时间戳""地理戳",为数据确认产权归属,进而实现用户信用数字化、资产化,为企业或个人构建信用画像,为银行征信提供真实依据。信用评价体系如图 4-4 所示。

③ 实时追踪货物,全程可视化监控

平台结合高效、便捷的物联网设备,使运行数据可视化、版权化,全流程公开透明。借助物联网技术手段,平台能够动态采集运输状态和货物环境数据并实时监控,通过区块链技术将信息记录在区块链上。平台的物联网设备支持在途 GPS 定位跟踪,车辆位置实时更新,方便货主随时可查货物状态,并支持历史轨迹查询,实现全程可视化监控,多维度保障运营服务质量。实时数据追踪流程如图 4-5 所示。

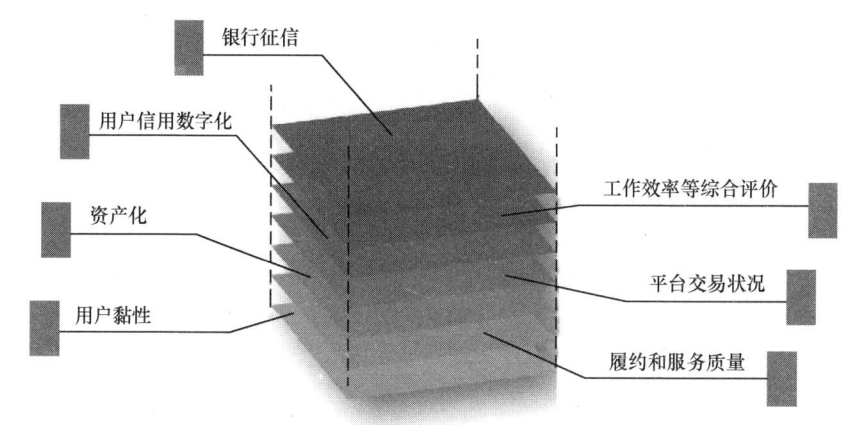

图 4-4　信用评价体系

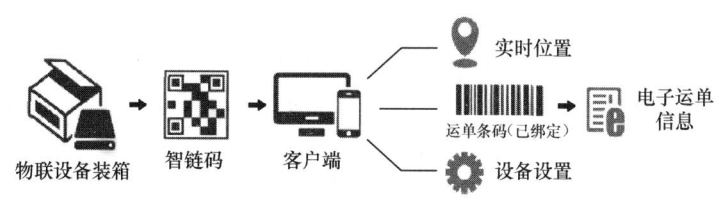

图 4-5　实时数据追踪流程

④ 交易即结算,省时省心省力

平台采用先进的区块链银关技术解决资金支付问题,是实现信息流、物流和资金流一体化管理的有效手段。区块链银关技术能够一步到位地解决各订单节点、结算交易、对账等繁杂业务流,实现交易即结算,大幅节省人力物力,提高效率。费用结算资金走向如图4-6所示。

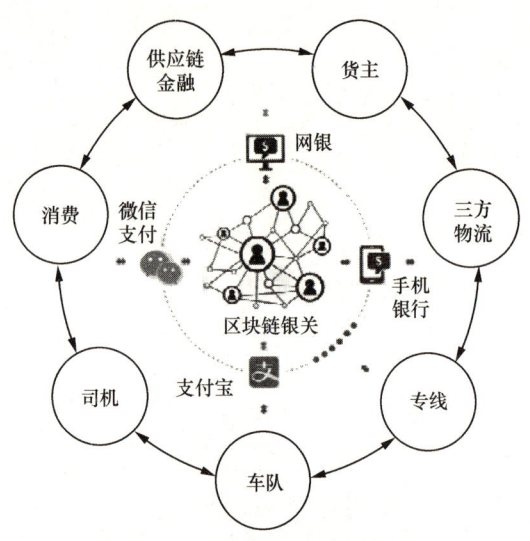

图 4-6　费用结算资金走向

⑤ 共享积分商城,约惠低价耗品

平台开设积分商城,可采购高质量、低成本的物流领域耗品和工具,如石化产品(油卡)、保险、ETC、轮胎等;通过有吸引力的积分奖励、分享等激励机制,引导司机的重复性消费行为、挖掘购买需求,激发所有参与者的热情,共享价值;同时可以进一步完善会员信息管理,掌握司机、车辆的行车轨迹和消费行为。

⑥ 携手金融机构,解决资金瓶颈

平台提供自动交易通道,对接银行、网贷、融资租赁、保险等金融机构,使业务流、资金流、数据流共享贯通,帮助客户获得金融机构授信贷款、保险理赔等金融服务,解决客户发展的资金瓶颈,如图4-7所示。区块链的大数据智能风控和信用评价体系将助力金融服务实体经济。

图 4-7 金融介入流程

4.4 防伪溯源

4.4.1 防伪溯源行业背景

随着我国经济的快速发展,在各种物质产品极大丰富的同时,假冒伪劣的产品也甚嚣尘上。一方面,消费者希望能够准确鉴别产品的真伪,并更多地了解产品的源头信息;另一方面,企业也希望能够直接了解消费者对其产品的反馈情况,并更加精准地向消费者营销其产品。

产品的真伪混乱、无法双向溯源、企业如何进行精准营销等问题,从微观层面看,既侵犯了消费者的权益,也阻碍了企业的发展;从宏观层面看,也是制约我国市场经济良性发展的不利因素;从社会发展的角度看,涉及食品、关系民生的基础性产品、针对高精尖端领域的核心产品,一旦以次充好、以假乱真，将会给社会发展和民众安全带来巨大的隐患。

如何从根源上彻底杜绝假冒伪劣产品，并在防伪的同时监控产品原料、生产过程、物流信息等，已成为近年来市场的重要诉求。

4.4.2 防伪溯源行业现状和痛点

防伪溯源行业现状

当前产品防伪的基本途径是在企业和消费者之间建立一条稳定、有效的可信数据查询渠道，以此来确认消费者购买的产品是否真实可靠。而防伪溯源平台正是这个连接企业和消费者的信息渠道。

早期的防伪平台主要是电话查询和自动语音播报平台，后来随着互联网技术的发展，又出现了网站平台的线上查询。最近几年，随着移动互联网的发展，防伪查询平台的形式逐步延伸，从网站平台向手机移动终端过渡，越来越方便快捷。

通常情况下，行业一般按平台的建设归属方分类，大致可以将防伪溯源平台分为以下两类。

（1）企业自建防伪溯源平台

企业自建防伪溯源平台，系统由企业自行搭载和维护；消费者向企业平台发送产品验证溯源请求；企业平台向消费者反馈产品验证溯源结果，同时获得消费者的地域、时间、产品类别等消费数据信息。二者的数据交互不通过第三方。其工作流程如图4-8所示。

由于企业自有防伪溯源平台的产品数据能根据生产数据及时更新平台数据，所以企业能提高产品的流转效能，并有助于提升品牌形象。重要的是所有产品数据信息由企业自己保存，可以有效防止商业机密泄露。

这一类的典型代表是茅台酒厂的防伪与追溯平台，它基于企业自身产品需要而建设，一方面用于防伪溯源，另一方面也作为物流管理、防串货的重要措施。

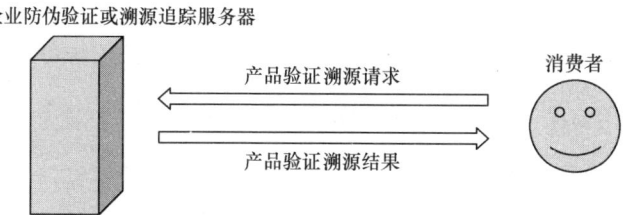

图 4-8　基于互联网的企业自建防伪验证与溯源平台工作流程

（2）专业化第三方防伪溯源平台

第三方防伪溯源平台多由民间资本投资建设，借助专业化、流程化和规模化实现平台资源的共享共用，以提供包括产品、数据在内的服务，如防伪标签、数据存储、分析和数据挖掘等，并提供流量引导服务。

不同于企业自建的防伪溯源平台直接与用户进行信息交互，第三方防伪溯源平台是企业和消费者信息交互的纽带。消费者向第三方平台发送产品验证溯源请求；第三方平台根据企业提供的产品数据库进行查询，然后向消费者反馈产品验证溯源结果，同时按需求将消费者查询数据反馈给企业。其工作流程如图 4-9 所示。

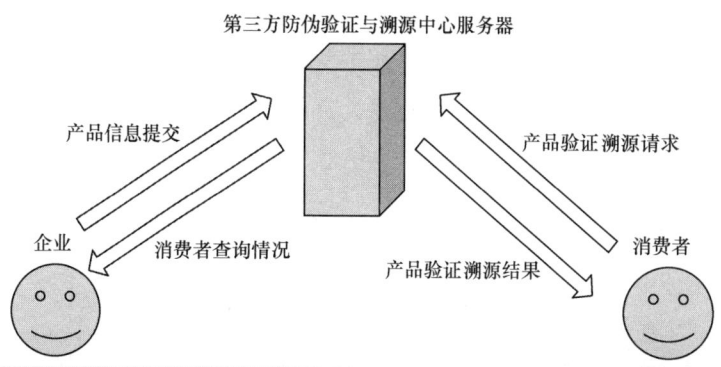

图 4-9　基于互联网的专业化第三方防伪验证与溯源平台工作流程

对于企业来说,这种第三方防伪溯源平台建设所需要的前期固定资产投资和后期运维服务都由第三方负责,因而大大减少了企业前期的投入成本,降低了使用门槛。和企业自建防伪溯源平台相比,这实质上是将企业自建平台所需的费用转化为多年期分期付款服务费用,减少了初期的大额投资。因此,专业化第三方防伪与溯源平台非常适合有防伪溯源需求的中小型企业。

典型的第三方平台有全国产品防伪溯源验证公共平台、e云溯销平台、NCC防伪溯源平台等。

存在的痛点

虽然现在行业中已经有大量的企业自建和第三方防伪溯源平台在运行,但仍然还有很多问题亟待解决。

(1)企业自建平台的成本问题

企业自建平台的成本对于大型企业来说可能微不足道,但对于中小微企业就可能是不可承受之重。企业自建平台不仅需要在前期投入数万元,甚至几十万元的平台建设费用,而且平台建成运行后的维护成本也是一笔数额不小的开支。因此,中小微企业通常都会选取专业化的第三方平台进行防伪验证或产品溯源。

(2)第三方平台的数据安全性问题

由于第三方防伪溯源平台是沟通企业和消费者数据信息的桥梁,这使第三方平台可能成为企业数据信息的泄露源。目前,企业要使用第三方平台进行自身产品的防伪验证或溯源信息展示,就必须事先将自己的全部产品信息、溯源信息及验证信息提交给第三方平台保存。而第三方平台有可能因为自身的安全漏洞导致企业的数据信息被意外泄露,也有可能主动将企业的数据信息泄露出去。

另外,第三方平台都采用中心化的数据处理方式,可能会恶意篡改防伪验证信息及溯源展示信息。

（3）企业自建平台与第三方平台的公信力问题

企业自建平台通常缺乏公信力。对于防伪验证，造假企业完全可以模仿正品企业的产品验证方式做出同样的验证系统，使消费者真假难辨。对于产品溯源，企业自建平台上的溯源信息完全是企业自己在维护，这使消费者有充分的理由质疑溯源信息的真实性。

第三方平台的公信力依然不足。对于防伪验证及产品溯源，我国目前尚未有统一的行业标准和相应的准则。第三方平台所采用的防伪溯源流程及规范基本由平台企业自行制定，因其中心化系统的特性，外加缺乏有效的监督机制，很难获得同行的认同。

4.4.3 区块链解决方案

区块链技术为解决行业痛点提供了方案。

首先，区块链的通证激励为企业构建防伪溯源平台提供了成本分担与价值分享的可能。区块链通证的设计初衷就是为了激励区块链网络中的各个节点来共同维护区块链网络的正常运行，这样网络的运行成本由各个节点分担，网络的价值由各个节点分享。

其次，区块链上数据的难以篡改特性能很好地解决平台的数据安全问题。

最后，区块链网络通过算法实现了网络参与者的可信交易。换句话说，区块链网络参与者在区块链网络中达成了互信，同时区块链网络对所有参与者都是可信的。因此，基于区块链网络的防伪溯源平台具备天然的公信力。

基于区块链的防伪溯源平台概念模型

基于区块链的防伪溯源平台可以被简单地描述为，所有产品企业作为区块链验证节点加入统一的区块链网络中，形成一条公链。基于这条公链构建产品防伪验证平台，消费者使用上层的防伪验证平台进行产品验证，其概念模型如图 4-10 所示。

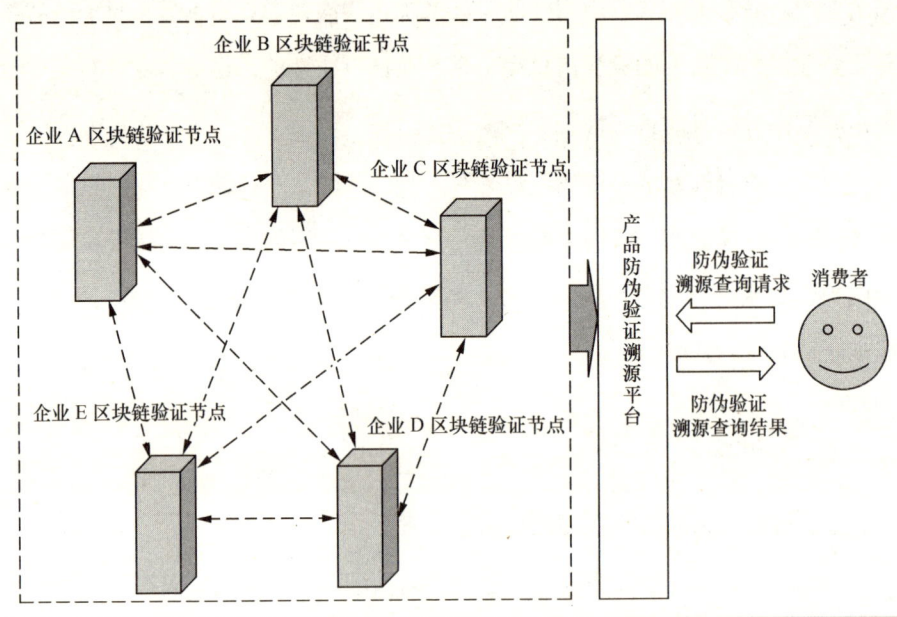

图 4-10 基于区块链技术的防伪与溯源平台概念模型

该方案的特点是企业通过作为防伪验证区块链的验证节点直接参与产品防伪验证的底层逻辑，并通过将底层逻辑与上层业务数据分离的方法，自己保存所有的产品数据信息，防止商业机密的泄露。此外，区块链的共识机制保证了所有参与验证的节点不会作弊。由于所有企业共享使用统一的验证平台，验证平台的构建与运维费用由所有企业均摊，从而有效降低了企业的运营成本。

通链防伪溯源平台

（1）系统目标

面对上述机遇和挑战，我们基于区块链技术，设计了一个去中心化的产品防伪溯源框架系统。除了具备传统的防伪溯源特点以外，该系统具备以下特点。

① 具备全方位、多层次的客户群

第一，聚焦于中、小、微企业。虽然其产品量级较小，自身建设平台的能力有限，但是它们对防伪溯源的需求更迫切，有强烈的保护自身产品不受假货侵害及提升品牌形象与附加值的诉求，而这些诉求理应得到满足。

第二，在上述服务的基础上将重点转向针对大中企业的 VIP 定制服务。大客户对品质和效率的要求更高，也需要更加快速的市场推广和商务响应。

第三，构建企业产品防伪溯源自治生态圈。在汇聚了大、中、小、微各层次的客户群之后，该系统将重点构建一个技术安全、数据可信、流量互导、信息共享的社区型平台，让辨别企业产品真伪的事由企业自己来做。与此同时，通过规模化、集约化的集团合作模式最大幅度地降低企业的运营成本，让防伪溯源企业自发、自觉、自愿地抵制以次充好，维护行业秩序，净化市场环境，通过自治的方式打造资源生态圈。

② 成为各类企业相关服务的连接器和蓄水池

通过防伪溯源平台的连接，中、小、微企业能够接触到更多的企业相关服务提供商，并在它们的帮助下提升自身的运营管理水平。同时，众多的企业相关服务提供商能够寻找到更多的客户。最终，该系统成为一个具备产业链上下游各类企业，包括金融、科技、产业、营销等多个行业的综合性平台。

③ 推动产业供给侧结构改革

通过防伪溯源的真实数据积累，我们可以发现市场需求的变化，通过产业链上下游的合作共创，协助产业链设计、制造出符合市场需求的新产品，并通过营销、物流等服务送达终端客户；改善产品品质，创建新的品牌，从而深度改变了产业链的产品供给结构、生产结构、产品结构，推动产业的供给侧结构改革。

（2）技术特点

① 通链架构

通链架构以区块链核心技术为中心，构建防伪溯源账户体系及钱包、资产、众筹和交易等各种应用功能。

② 企业底层验证节点共识机制

通链公链的底层验证节点共识机制为基于需验证产品数量的类 PoS 机制。企业上线的需要进行验证的产品数量越多，则该企业所管理的节点在网络中被选中作为记账节点的可能性也就越大。

③ 通链积分

通链积分功能是通链运行的基本机制之一，它包括积分发行、积分流通、积分支付等功能。上述功能的实现基于区块链能简单交易的原生性功能，无需合约，既简洁又快捷。此外，对于增值服务和个性化功能的需求，通链可以通过智能合约来构建更加复杂的组合式功能，以实现未来的各种场景需求。

（3）系统底层区块链平台

通链防伪溯源平台目前采用的是井通区块链技术作为系统底层平台。井通区块链底层平台的技术架构具有五个层次，分别为网络层、区块层、数据层、价值层及合约层，如图 4-11 所示。

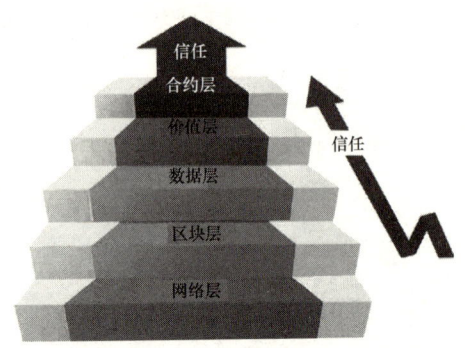

图 4-11　井通区块链技术架构层次示意图

这五个层次可满足不同的业务需求，并提供了丰富的应用开发接口，便于通链防伪溯源平台进行功能的二次开发。

平台应用核心功能

通链防伪溯源平台的功能应用层框架由五部分应用组成，分别是通证、通链云、通链社区、通链应用市场和通链开放平台，如图 4-12 所示。其中，通链云、通链社区、通链应用市场和通链开放平台为核心功能。

（1）通链云

通链云是面向小微企业的、基于去中心化产品防伪溯源框架的云平台，能为小微企业提供便捷、高效、安全且低成本的产品防伪溯源服务。

借助通链云，企业可以将产品信息注册到区块链上，与同一条供应链上的其他企业共同管理产品的流通信息，并保证流通信息一致、唯一且难以篡改，从而实现企业产品在供应链上可追溯查询。产品溯源信息的唯一性及难以篡改性，又为终端消费者的产品防伪验证查询提供了可靠的保证。

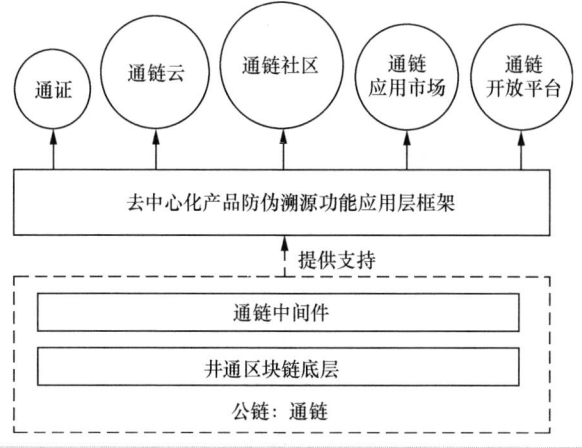

图 4-12　通链系统结构示意图

(2)通链社区

通链社区是面向中小企业的、旨在构建由中小企业组成的产品防伪溯源自治共享社区。在社区里，所有成员的地位平等，资源共享。成员首先可以借助通链系统为自己的产品搭建防伪溯源系统，其次可以共享自己的验证资源给其他成员使用并获得一定的共享收益。而在资源共享过程中，资源分享者与资源获得者都将提升在通链圈中的信誉。信誉达到一定数值后，企业将自动成为通链的验证节点候选人。企业也可以自主选择是否成为通链验证节点。如果选择成为通链验证节点，企业将获得通链验证奖励。

（3）通链应用市场

通链应用市场面向全体通链云用户及通链社区成员，旨在为用户提供各类构建于通链上的企业级应用。

（4）通链开放平台

通链开放平台面向通链应用开发者，为其提供防伪、溯源、营销、支付、设计等各类功能及行业解决方案，在这里可以找到开发者、服务商、渠道商需要的各种功能、帮助及服务。

4.5 公共卫生服务

4.5.1 公共卫生服务行业背景

2009年启动的"国家基本公共卫生服务项目"是我国深化医药卫生体制改革的一项重要工作，针对当前城乡居民存在的主要健康问题，以儿童、孕产妇、老年人、慢性疾病患者为重点人群，面向全体居民免费提供最基本的公共卫生服务。开展服务项目所需资金主要由政府承担，城乡居民可直接受益。

为了进一步规范"国家基本公共卫生服务项目"的管理，国家卫生计生委于 2017 年 3 月印发了《国家基本公共卫生服务规范（第三版）》（以下简称《规范》）。

《规范》的内容包括居民健康档案管理、健康教育、预防接种、0～6 岁儿童健康管理、孕产妇健康管理、老年人健康管理、慢性病患者健康管理（包括高血压患者健康管理和 2 型糖尿病患者健康管理）、严重精神障碍患者管理、肺结核患者健康管理、中医药健康管理、传染病及突发公共卫生事件报告和处理、卫生计生监督协管。以上 12 项内容主要由乡镇卫生院和社区卫生服务中心负责组织实施，村卫生室、社区卫生服务站分别接受乡镇卫生院和社区卫生服务中心的业务管理，并合理承担基本公共卫生服务任务。

《规范》对"国家基本公共卫生服务项目"的服务对象、内容、流程、要求、考核指标及服务记录表等也做出了规定。但是，如何服务好广大的服务对象，优化医疗资源、量化基层医务人员的工作绩效，一直是各级卫计部门在公共卫生服务领域不断探索的方向。

我国政府对医疗行业的数字信息化发展也提出了自己的要求和目标。

4.5.2 公共卫生服务行业的现状和痛点

自 2009 年新医改启动以来，作为民生工程的国家基本公共卫生服务制度在基层城乡医疗机构逐步建立。基本公共卫生服务项目所面向的重点人群——儿童、孕产妇、老年人、慢性疾病患者，也开始享受政策的优惠。例如，妇女从怀孕到宝宝出生能够享受各种免费的医疗服务；成年人身体出现异常，发现高血压或糖尿病状况，医护人员也会定期免费测量，帮助调整药物或剂量，等等。但是，随着公共卫生服务项目的深入展开，工作的具体落实还存在很多实际问题和困难。

（1）医患比例低，尤其是基层医疗卫生队伍服务压力大，亟需便捷的工具

根据2005年的统计，我国每千人口医生数仅有1.05，大部分资源都分布在东部发达地区和大型医院。基层医生数量少之又少。《"十三五"全国卫生计生人才发展规划》明确到2020年重点加强基层人才队伍建设，使城乡每万名居民有2名以上合格的全科医生，农村每千服务人口至少有1名乡村医生。即使达到2020年的基层医生配备水平，也远不能满足日益增加的公共卫生服务水平的要求。因此，便捷的信息化系统工具成为必要之选。它不仅能够帮助基层医务工作者从非医疗事务（如数据录入、汇报、总结等）中解脱出来，增加用于医疗服务的时间，也可以通过信息化的手段提升医疗服务过程的效率，进而有利于缓和医患比例低的矛盾。

（2）民众获得感低，需要积极参与的工具

公共卫生服务重点针对辖区内老人、孕妇、儿童及有需求的慢病人员，但是基层干部对卫生政策的宣传不够，许多老百姓对政策一知半解，所以普遍存在获得感低和结果反馈不及时的情况。因此，需要有效的沟通工具和标志性方法，以增加民众的参与度和获得感。

（3）管理考核手段缺乏，亟需深度信息化支撑

《规范》明确了公共卫生服务包含的基本内容和考核要求，但是在实际执行中出现了基层医疗机构为完成工作指标而不考虑实际、造假应对考核的情况。例如，基层医疗机构为了达到建档率的数值要求，在大量人口外出的情况下人为制造健康档案，造成居民健康档案中资料不全、部分内容不真实的情况，因而未达到国家基本公共卫生服务均等化的真正目的，同时也对上级部门能否进行有效的监管和考核提出了要求。

真正要做到各项考核内容真实有效，考核数据有理有据，就需要进一步加

大信息化的数据支撑,在数据统计、数据痕迹方面做出大量的改进,尤其是在数据的真实性、可追溯性、难以篡改性、隐私保护等方面。

4.5.3 区块链解决方案

"公卫通"是基于区块链底层技术开发的,参照最新《国家基本公共卫生服务规范》及地市要求,采取家庭医生签约服务模式构建的一体化公共卫生服务平台。

主要技术特点

该平台的主要目的是帮助各级卫生主管部门根据《规范》的要求,实现居民健康信息化管理、家庭医生签约信息化管理,以及实现公共卫生业务的协同办公、日常监管、绩效考核。其主要技术具有以下特点:

(1)将医务人员提供的公共卫生服务过程信息和采集的核心公共卫生数据及时上链,数据具有可追溯、难以篡改的特点;

(2)管理机构通过"公卫通"平台服务痕迹实现医务人员工作量化、数据化 KPI 考核及资金拨付的考核;

(3)医疗机构可以共享医疗记录而不泄露患者的隐私,患者可随时对健康档案进行查询、共享和反馈;

(4)积累丰富的医疗卫生大数据资源,实现科研应用。

平台的主要功能

(1)高效平台终端

该平台由四个客户端组成,分别为居民客户端、村医客户端、卫生院客户端和卫健委客户端。这四个客户端可解决和实现不同层级的需求,例如,减轻基层医务人员的外出随访工作量、落实实时监督和考核，以及解决由上至下各个环节的信息滞后、数据失真，等等。

① 居民客户端

居民通过注册身份认证后，可以浏览自己的医疗记录，关注相关医务人员并进行评价，以利于医务人员的考核，从而在公共卫生服务项目的建设中有实实在在的参与感。

② 村医客户端

村医客户端实际是通过移动终端对随访居民的医疗档案进行科学管理。村医在随访过程中通过客户端数据在线填单等功能，实时建立随访对象的医疗档案数据库，解决了对患者的管理问题。

基于上级随访任务总体进度要求，客户端能通过对需随访居民的实时定位，自动分解安排每位医务人员每日所需进行的随访工作，通过这种科学有效的日程管理，减少漏访、失访。

对于每日随访工作，客户端依托足迹功能自动记录医务人员的实际工作轨迹，通过和随访居民的实时定位比对，确定医务人员的实际工作进度，实时了解行医状况，因而解决了数据真实性的问题。同时，客户端还支持医务人员之间的实时交流、知识共享及培训，以便于提高医务人员的医疗水平。

③ 卫生院客户端

卫生院作为医务人员的直接主管单位，需要对下属医务人员进行业绩考核。通过医务人员的足迹功能和随访记录，以及对应的单位工作耗时、每天工作量等后台数据，卫生院可以非常方便地对医务人员的工作量进行量化，实现对医务人员的工作效率和业绩的监督考评，以便于薪酬结算。

④ 卫健委客户端

作为主管单位的卫健委，通过该客户端可以直接看到各级基层医疗机构的任务完成情况及基层医务人员的工作状况,实现对基层单位的穿透式监管和考核。

由于通过村医客户端采集的数据存储在区块链上,具有真实、公开、可追溯、无法篡改的特性,所以卫健委实际上是实实在在地掌握了基层的一手可信数据,为未来公共卫生服务项目的工作规划、立项,以及薪酬的预算、统计和发放,提供了有效的数据支撑。

(2)可信数据采掘

该平台采集的高质量基础数据可以作进一步的医学数据挖掘和统计,为各种疾病的预防、治疗和监控提供及时的数据反馈和决策支持。同时,以此高质量的基础数据为切入点,还可以实现和其他各级平台的数据交互,实现数据的共享。例如,为基础医疗卫生管理平台提供患者医疗数据、为人口数据平台提供有效的人口数据,等等。

4.6 物联网

4.6.1 物联网行业背景

物联网(Internet of Things)是新一代信息技术的重要组成部分,它以互联网技术为基础,通过射频设备、通信模组和智能芯片等技术实现物品自动识别和信息共享。

物联网是继计算机、互联网与移动通信网之后的又一次信息产业浪潮。自2015年以来,我国相继推出了《中国制造2025》《"互联网+"行动指导意见》《智能制造工程实施指南》等政策,提出利用物联网等技术推动跨地域、跨类型交通信息的互联互通，积极推广物联网在车联网等领域的智能化技术应用。在政策、技术的双驱动下，物联网成了企业发展的新动能。华为、联想、中兴等科技公司都将物联网作为主要战略方向之一。

目前，我国的物联网产业已初具规模。工业和信息化信部发布的《信息通信行业发展规划物联网分册（2016—2020年）》指出，2015年中国物联网市场规模为 7500 亿元，"十二五"年复合增长率为 25%，预计在 2020 年增长至 1.5 万亿元。公众网络机器到机器连接数超过 1 亿，占全球总量的 31%，中国将成为全球最大的市场。①

物联网将是未来对人类生活产生重大影响且最具潜力的领域之一，其应用场景包括智能电网、智能家居、智慧交通、智能制造等多个领域。在今后的几年中，物联网将会得到高速的发展，更重要的是与其相关的领域和产业也正在相互快速地打通和融合。

4.6.2 物联网行业痛点

物联网在成为人们日常生活的组成部分之前，仍有许多障碍需要克服。纵观物联网行业发展情况，可以说目前遇到了以下五个痛点。②

（1）设备安全

在设备安全方面，传统物联网设备极易遭受攻击，数据易受损失且维护费用高昂。黑客可以利用僵尸网络感染物联网设备，并通过这些被感染的设备对网站发起 DDoS 攻击。其中最著名的是 Mirai 创造的僵尸物联网（Botnets of Things）。据统计，该网络已累计感染超过 200 万台摄像机等 IoT 设备，由其发起的 DDoS 攻击让美国域名解析服务提供商 Dyn 瘫痪，导致 Twitter、Paypal 等

---

① 来源于工业和信息化部《2018 年中国区块链产业白皮书》。
② 来源于 VR 视线《物联网的行业痛点和区块链带来的优势》。

多个人气网站在当时无法访问。

（2）个人隐私

在个人隐私方面，基于中心化的管理架构无法自证清白，个人隐私数据被泄露的相关事件时有发生。

（3）架构僵化

在架构僵化方面，目前的物联网数据流都汇总到单一的中心控制系统，随着低功耗广域（LPWA）技术的持续演进，可以预见的是未来物联网设备将呈几何级数增长，导致中心化服务成本难以负担。

（4）多主体协同

在多主体协同方面，目前很多物联网都是运营商、企业内部的自组织网络，涉及跨多个运营商、多个对等主体之间的协作时，建立信用的成本很高。

（5）通信兼容

在通信兼容方面，全球物联网平台缺少统一的语言，很容易造成多个物联网设备之间通信受阻，并产生多个竞争性的标准和平台。

可以想象，在未来越来越多的设备接入网络后，如何提升并解决物联网的安全性、高效性、易用性及可扩展性问题，技术上都面临着极大的挑战。

近年来，区块链技术逐步从台后走向台前，行业也逐渐意识到或许区块链技术能提供解决上述难题的可行方案。区块链技术凭借主体对等、公开透明、安全通信、难以篡改和多方共识等特性，将对物联网产生重要的影响：无需中心化服务器的特质，能够降低昂贵的运维费用；加密协议保证了用户数据和隐私的安全性；验证和共识机制有助于避免僵尸网络通过非法甚至恶意的节点接入物联网；分布式对等结构和公开透明的算法能够以低成本建立互信，打破信息孤岛桎梏，促进信息横向流动和多方协作。

在众多涉及物联网的区块链项目中，IOTA或许是物联网面临基础设施的挑战时最有希望的解决方案之一。

4.6.3 IOTA 解决方案

IOTA 的定义

IOTA 是为物联网设计的一个革命性的新型交易结算和数据转移层，它基于新型的分布式账本——Tangle（缠结）。Tangle 能够克服现有区块链设计中的低效性，并为去中心化 P2P 系统共识的达成创造了一种新方法。通过 IOTA 进行转账不需要支付手续费，这也就意味着无论是多小额的支付都能通过 IOTA 完成。

IOTA 和比特币的区别

虽然 IOTA 与比特币、以太坊等经典区块链项目都是建立在同一种规则之上，但前者和后者之间存在很大的差异。具体而言，IOTA 和传统区块链在架构上主要有两点区别。

（1）数据结构

Tangle 是基于有向无环图（DAG）的，而不是像传统的区块链那样把数据组成一个链条，定期添加区块，如图 4-13 所示。通过有向无环图，IOTA 就能实现高交易吞吐量（通过并行验证方式），并且交易不收取手续费。随着 Tangle 的不断增长，更多的参与者参与进来进行交易，系统会变得更加安全、快速，每笔交易的确认时间最终会下降。

（2）共识机制

比特币中的共识机制是通过一个非常严格的逻辑算法完成的，它要求多方之间竞争，以获得添加区块（记账）的资格，并从中获取区块奖励或交易手续费。这使共识从交易生成中解耦出来，并且由网络中一小部分掌握大算力的群体来完成。随着矿场算力的集中，在构成一个高进入门槛的同时，也在某种程度上变成了中心化的网络。

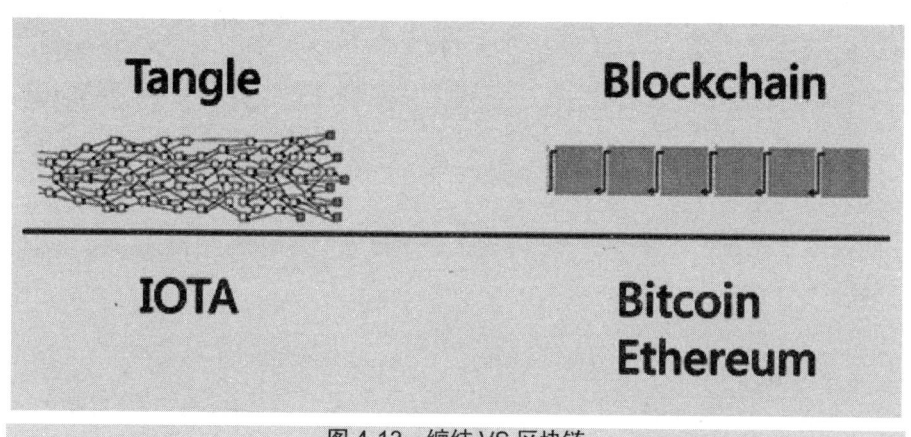

图 4-13　缠结 VS 区块链

在 IOTA 系统中，每位参与者都能进行交易并积极参与共识。具体地说，就是网络中的参与者会直接处理两种交易（主交易和分支交易），并且间接处理子 Tangle 交易。通过这种方式，验证就能同步进行，网络能够保持完全去中心化，不需要矿工传递信任，也不需要支付交易手续费。

然而，这一点是比较有争议的。IOTA 系统中不存在矿工或验证者来完成这项工作，因此不需要支付手续费。IOTA 的共识是完全去中心化的，每位网络成员都能发起交易，直接或间接地确认过去的交易。其优势是确认速度快，但不足之处是节点可以通过很低的成本发起 DDoS 攻击，或控制算力来引发双重支付。

（3）Tangle 的实现机制：DAG

有向无环图（DAG）是一种存储数据的方式。简单地说，有向无环图是指任意一条边有方向且不存在环路的图。"有向"是指所有数据顺着同一方向存储,"无环"是指数据结构间不构成循环,如图 4-14 所示。

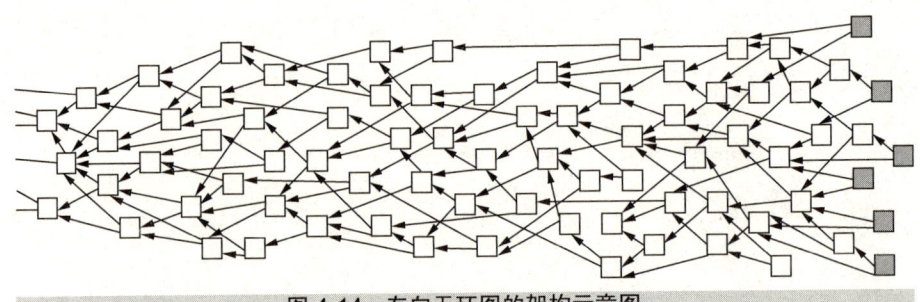

图 4-14　有向无环图的架构示意图

DAG 网络的一个重要问题就是解决网络宽度。在 DAG 网络中,每笔交易被确认,需要链接到已经在网络中存在且比较新的交易。如果都选择网络中比较早的交易,就会导致网络宽度过宽,新的交易难以得到确认。理想的状态是新的交易发起时选择网络中已经存在且比较新的交易做链接确认,这样将网络宽度保持在一定的范围,能让新交易有足够快的确认时间。

DAG 的典型特点如下。

(1)交易速度快

由于 DAG 摒弃了区块概念,交易直接进入全网中,所以交易速度预期会比基于 PoW 和 PoS 的区块链快很多。

(2)无需挖矿

DAG 把交易确认的环节直接交给交易本身,无需由矿工打包成区块后同意交易顺序。所以,DAG 网络中没有矿工的角色。

(3)无手续费

IOTA 的 Tangle 网络中,交易发起只需要做简单的 PoW,整个网络中的 PoW 都是发起交易者自己做的,而不是交给矿工。因此,发起交易无需手续费。

(4)智能合约支持

目前,IOTA 还不支持智能合约,但是官方技术路线图中有计划在 2018 年开始实现对智能合约的支持。

（5）需要见证节点

目前，IOTA 网络结构中还是需要见证人机制的存在。这一部分不管是 DPoS、PoS，还是 PBFT，所有的共识机制最终都会在效率、安全性上寻求一种平衡。

4.6.4　IOTA 的应用场景

IOTA 的用途

目前，IOTA 可以很好地做两件事：交易结算（尤其是微支付）和数据存储（保证数据的完整性）。通过这两个功能衍生出的大部分用例都是很有意义的，而且大多数情况下只能通过 IOTA 来实现。IOTA 主要致力于物联网，通过机器支付资源、服务或许可，包括智慧城市、智能电网、基础设施、供应链等在内的用例都是 IOTA 可能实现的目标。

数据潜在价值的释放

物联网的基础设施包括软件设施和硬件设施，而传感器作为物联网硬件设施的入口，起到了连接现实世界与网络世界的作用。对于传感器的需求，尤其是智能家居和智慧城市方面，近年来增长速度非常快。

对于传感器这一物联网细分市场而言，仅仅收发数据显得过于初级。毋庸置疑，产生海量数据的背后，需要的是大数据更快的分析处理速度。云存储技术不能为用户提供所需要的实时数据，用户需要更智能化的传感器。这些传感器需要拥有计算能力，可以像工作站那样代替云计算机，为用户提供更加快捷的数据处理及分析能力。

据统计，到 2025 年全球将会有数十亿个传感器。数据将会带来巨大的潜在价值。用户在通证经济中也已经认识到，个人可以通过将收集到的数据有偿开放使用或出租自己的存储空间以换取相应的奖励。而这一点在原有的中心化解决方案中是无法实现的。在中心化解决方案中，个人的所有数据都被掌握在中心节点（企业）上，这不仅会威胁到个人信息的安全，更是使大企业可以通过无偿使用这些信息来获取利润。IOTA 或更广义的区块链技术恰恰能够将这部分潜藏的价值释放出来，并且按用户的意志重新支配处理这些信息。

数据的存证与溯源

IOTA 网络中的数据完整性，能够极大地改善物联网数据不完整与造假的现状。

以供应链产业为例。传统的供应链运输需要经过多个主体，如发货人、承运人、货代、船代、堆场、船公司、陆运（集卡）公司，还有做舱单抵押融资的银行等业务角色。这些主体之间的信息化系统很多是彼此独立、互不相通的，而且往往存在数据造假的问题。在供应链上的各个主体部署区块链节点，通过实时（例如，船舶靠岸时）和离线（例如，船舶运行在远海）等方式将传感器收集的数据写入区块链，成为难以篡改的电子证据，可以提升各方主体造假的成本。

这一点在产品溯源方面也尤为有用。产品从产地经中转运输到市场，再到消费者手上，每一环节都可以通过产品自身的物联网标签采集数据并写入区块中。因此，信息的完整性和真实性得到了保证。

共享经济

共享经济可以被认为是平台经济的一种衍生。以共享单车为例，用户在骑行过程中产生的数据都是被记录在平台的服务器上。但是，正如前文所述，这些数据的潜在价值并没有回到用户手中，而用户却要为骑行额外支付使用费，这是不合理的。

在区块链解决方案中，用户通过骑行所获得的数据被记录在区块中，只有用户可以使用，或开放给第三方使用以换取相应的奖励。而且，骑行作为低碳环保的出行方式，通过系统按照透明的规则（规则也是被写入区块中，无法造假）给用户发放相应的奖励，无疑也能促进用户选择更绿色的出行方式。

智能导航应用中存在一个有趣的场景。用户可以分享路面交通状况，其他在用该 App 的人也会实时看到，这个警报对避免交通拥堵非常有效。问题在于如果用户标注一段拥堵道路或事故情况，获得的仅仅是系统的点赞和分发一些经验值之类的奖励，那么久而久之，用户也就没有动力向地图上添加这些信息了。

试想在区块链世界中，系统可以发放一定的奖励给提交地点的用户，这样激励会更好，用户也更愿意分享当前的道路情况。同样，一个包含危险路况、道路拥挤状况等问题的网络也就能更详尽地建立起来。

4.6.5　行业展望

物联网正在经历高速发展。几乎每周，我们都可以看到初创公司引进了新的想法或技术实现。这是由技术领导的第四次工业革命。事实上，我们发展和演进的重要一步都隐藏在技术革新里面。

在接下来的几年中，智能交通、智能家居、智能经济等方面都会发生巨大的变化。而这一切才是一个开始。毫无疑问，智能设备或机器目前所面临的最大瓶颈并不在于开发生产，而是在设备之间的通信水平上。一旦我们解决了这个问题，物联网技术的发展将会向前迈出一大步。

到目前为止，大众考虑得更多的是使用智能设备来建立人与人之间的通信。但我们需要一个新视角，即建立人与机器的对话，甚至是机器之间的对话。那就需要一个更强大的网络，以实现人与人之间、人与机器之间、机器与机器之间的信息交互。到那时，我们不仅在谈论物联网，更是在谈论万物之间的联网（IoE）。

4.7　跨链交易

4.7.1　跨链交易行业背景

区块链本质上是去中心化无信任环境中的存在性共识机制，可应用于各种不同的数据，如股权、版权或数字资产，也可以应用于如大宗商品、外汇、贵金属等传统行业。

区块链对各行业都可能有着深远的影响，尤其是金融领域。基于区块链的新金融会有一个明显的趋势，即资产通证化（Tokenization）：一方面，链下资产的所有权、分红权等相关权益通过抵押，会以通证的形式发行到区块链上；另一方面，区块链上资产也会进行跨链发行。资产通证化的目标之一就是实现低成本、全球化、全天候的资产高流动性。

数字资产的流动性主要通过交易所得以实现。但鉴于目前国内外运营的多个数字资产交易平台都是采用集中式的中心化交易模式，存在运营成本高、交易不透明、系统容易受到攻击等诸多问题，因此，着眼于未来，我们期望构建一个基于区块链去中心化技术的数字资产交易平台，和一个支持去中心化的、开放的、可扩展的和鲁棒（Robust）的交易协议。该交易协议创建了一个框架来允许用户以更高效的方式执行智能合约，提供了底层基础设施架构，用来快速简便地生成子区块链。同时，该交易协议也是子区块链必备的管道部件，可以为新想法的测试、私有链的部署、复杂任务的处理、非中心化的应用等场景提供解决方案。

4.7.2　中心化交易平台的痛点

当通证化的数字资产被广泛接受、其价值被市场不断认可时，随着品种的不断增加，数字资产交易服务提供商为其提供可交换服务平台就成了热门。但中心化交易平台是基于平台给用户签发记账凭证（IOU）的机制运转的，用户需要将个人加密"数字货币"存入交易所提供的钱包账号之后，他们的账户将被记入一笔相应数字通证的记账凭证（记账凭证只是交易平台服务商的数据库条目）。同一平台的用户基本上是在交易平台服务商的集中数据库里做交易，只有当用户发出提现请求时，他们才会收到实际的数字通证或法定货币。

这种交易服务模式有以下几个缺点。

（1）中心化交易所在交易前会要求用户必须先充值（法币或数字通证）。充值到账过程有时缓慢，用户可能因此错失良机。而用户提现（或提币）也会有一个到账过程，交易所有时会用各种理由拖延甚至拒绝用户合理的提现提币到账请求。

（2）中心化交易所不需要知会用户细节，就可以对存入的法币或通证进行任意处置，即用户的资产被不当使用。

（3）中心化交易所一旦下单，交易单中的资产就会被冻结，导致用户无法使用。

（4）中心化交易所可能会牺牲最终用户，利用交易信息营私舞弊。

（5）用户通证以中心化的方式存储，面临黑客攻击或内部欺诈的风险。

（6）中心化交易所可以夸大交易量或其他重要信息，误导用户并从中受益。

（7）中心化交易所一旦倒闭，用户在交易所的所有资产就会丧失殆尽。

（8）有悖于区块链的去中心化特性。

4.7.3　去中心化平台解决方案

去中心化平台概述

与中心化交易相比，去中心化交易工作的流程截然不同。

一个去中心化交易由两个部分组成。第一部分通常是在区块链上部署可执行交易的智能合约，这个智能合约可以与该区块链支持的通证进行交互，是实际配对交易的执行者。第二部分是去中心化的在链订单簿和提供订单匹配的供应商。用户可以向区块链发出交易请求，但不释放实际的通证。如果订单匹配供应商可以找到匹配的对象或路径，它就将该笔交易请求提交给智能合约；智能合约验证完成订单中交易者签名和订单有效时间等信息后，双方进行交易结算。就在这个时刻，用户的通证才在单个操作中予以传输。去中心化交易工作流程如图4-15所示。

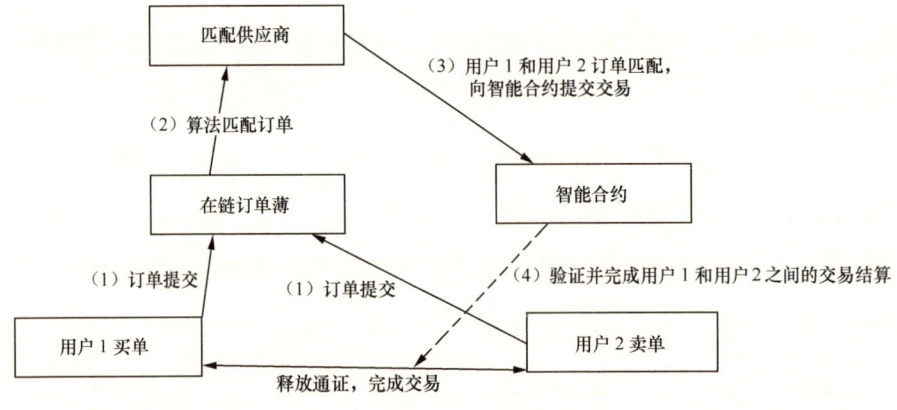

图4-15　去中心化交易工作流程

井畅交易平台的技术解决方案

（1）在链订单簿

所有用户的交易订单都会被存储在区块链的区块中，这些存储在区块中的交易订单则构成了在链订单簿。订单成交与否，取决于买卖双方设定的成交策略。

每个验证节点都有可能通过高效的订单匹配算法进行订单匹配。但验证节点不会创建新的订单去关闭匹配的订单路径，相反，网络中的任何人都可以拥有自己的算法创建新的订单来关闭匹配路径，并从套利中受益。订单簿是全球公开信息，可自由从区块链中读取。井畅交易平台的撮合交易就是基于在链订单簿。

在链订单簿有一个缺点，即如果以非常快的速度创建又删除订单，将降低区块链系统的性能。为了补救这一点并劝阻不必要的订单，系统采取费用措施来增加用户经常创建、删除订单的成本。

（2）异步合约执行

异步合约执行是支持在不同的区块链之间进行通证交换的关键部分。因为每个区块链都具有独特的性质，区块生成的速度也就有快有慢。例如，比特币是大概每 10 分钟生成一个区块，而以太坊则是每 15 秒生成一个区块，差别非常大。所以，一个链要与另一个链进行交互，就必须有某种形式的同步机制。

井畅交易平台的区块链底层技术支持异步合约调用，以允许跨多个区块的合约执行，这将允许更长的合约执行时间，适用于其他区块链要求较长的区块生成时间的情况。而且，异步合约可以将合约吞吐量提高许多倍。

异步合约执行原理如图 4-16 所示。

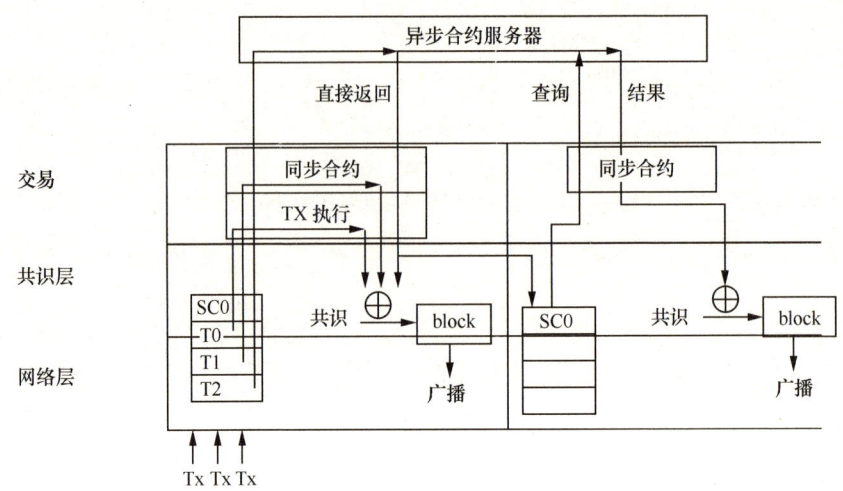

注：SCx 即智能合约 Smart Contract；T0、T1 等为收件人地址。

图 4-16　异步合约执行原理

在交易的同步合约调用模式中具体执行合约时，区块链的共识机制必须等待合约执行完毕并返回结果后，才能继续操作以完成对当前区块的共识。即区块共识依赖于合约执行的结果，每个节点必须对合约结果的一致性达成共识。因此，合约执行速度的快慢直接导致了区块生成时间的延迟，同时也影响了同区块其他合约的执行，以及导致低并发量。

然而，在跨区块的交易异步合约调用模式中，区块共识不依赖于合约执行的结果，合约执行和系统共识是隔离开的，合约的执行在远端，不占用系统共识的资源。在合约异步调用模式中，共识的过程无需等待合约执行的结果，因而提高了区块能支持的合约数量。

那么，用户就可以在交易合约调用中配置合适的跨区块数值，从而保证需要长时间执行的合约能够得到正确处理。同时，系统也可以设置合适的超时处理机制来处理合约延时的情况。

（3）跨链交易支持

这里以井通区块链与以太坊区块链为例，来解释井畅交易平台的区块链之间通证原子交换流程。

假设在井通网络中，用户甲下单要用井通的通证 SWTC 交换以太坊的通证 ETH，交易参数为 Order:SWTC->ETH,p,v,T2。其中，p 表示价格；v 表示数量，T 表示收件人钱包地址。该交易请求经适当授权提交部署到井通智能合约 SC1，并且提交到井通订单簿。其原理如图 4-17 所示。

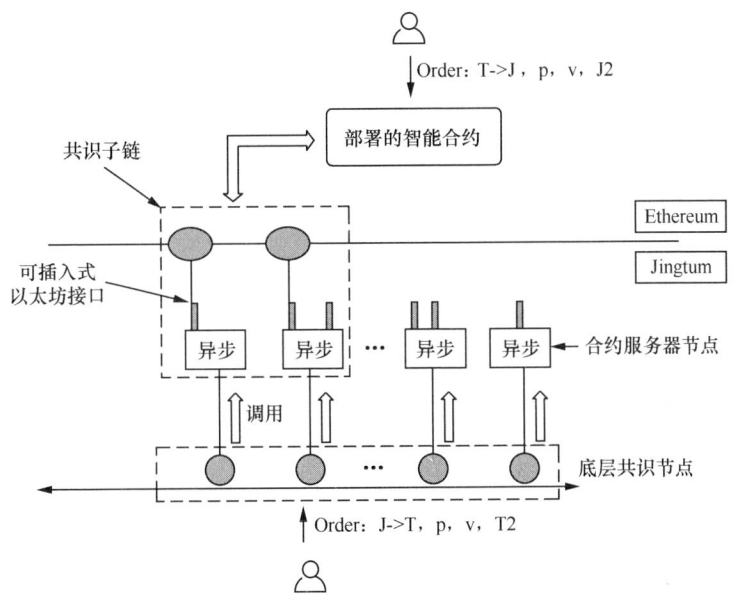

图 4-17 跨链交易原理

此时，以太坊中的用户乙想要卖出 ETH 来获得井通的 SWTC，参数为 Order: ETH->SWCT,p,v,J2。同样，该订单经适当授权提交部署到以太坊智能合约 SC2。

井通的异步合约服务器可以连接到以太坊公共链的可插拔存根，这些服务器将使用优化共识算法形成一个共识子链，监视以太坊的活动，并将以太坊的交易订单添加到井通的订单簿中。

井通系统中的验证节点通过井通订单簿匹配用户甲和用户乙的 SWTC 和 ETH 交易订单。共识子链将确保这两个智能合约交易分别在井通和以太坊公共链上都发生过并可以验证，该功能通过异步合约调用特性完成。

无论出于何种原因，如果系统无法撮合交易，则智能合约会给发起交易的用户退款。

（4）异步合约服务器

设立异步合约服务器的目的主要包括以下几个方面：

① 形成 BFT 子链，以便在井通网络和其他区块链系统之间通信；

② 启动对其他区块链中已部署的智能合约的调用；

③ 对订单执行监控并返回相关状态；

④ 为发送井通基础通证定义逻辑。

系统特点

（1）无资产托管的安全交易平台

井畅交易平台系统中不存在所谓的中心化实体代持用户的通证，因此，用户不必担心通证失窃或被挪用。同时，交易是通过智能合约予以实施和确保的，所以具有公正和安全的特点。

（2）原子交易

一个交易请求或转换请求是在单个事务中执行的，用户在转移出原有通证的同一时刻就得到了交易标的的通证。

（3）数据开放

交易请求在链上运行，链上订单簿对所有账户开放访问，包括普通账户和智能合约账户。这允许智能合约直接与井畅交易平台进行交互，实现不同通证的资金收取或付款，而无需第三方参与。该特性使井畅交易平台成为一个链上代理支付平台，为所有的账户提供服务。

对于井畅交易平台来说，其交易撮合全部基于区块链智能合约，数据不可更改，完全开放透明。

（4）可扩展性强

该系统的架构可以轻松支持更多的通证，无论是井通网络还是其他网络。唯一需要做的事情是为新网络添加可插拔存根，并在目标网络中部署智能合约。

4.8 娱乐游戏

4.8.1 游戏行业背景

游戏行业市场现状

游戏正在迅速成为全球最受欢迎的娱乐方式。一组来自《2017 全球游戏市场报告》（2017 Global Games Market Report）的数据显示，2017 年全球游戏市场规模为 1089 亿美元，同比 2016 年增长 7%。全球游戏市场规模正在以每年 7% 的预期速度增长，预计 2020 年将达到 1284.6 亿美元。

与过去相比，如今的消费者在游戏上花费了更多的时间。其主要原因是游戏玩家这个概念的语义在当下变得更丰富，不仅有主动参与（重度或轻度玩游戏）、间接参与（观看直播或录播内容），还包括自己创建内容及分享。另一原因是手游带来的游戏时间碎片化。以现象级游戏《王者荣耀》为例，一局 15～30 分钟的游戏不长不短，正适合在上下班路途、午休闲暇中打开手机玩

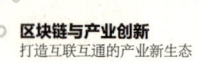

上一局或两局。

稳定增长的市场规模，持续时间的投入，相信未来的游戏市场会面临更大的机遇与挑战。游戏在当下已远超出其最初的含义，更多地向泛娱乐的方向靠拢。

再来看一组数据。中国文化娱乐行业协会信息中心与中娱智库联合发布的《2017年中国游戏行业发展报告》显示，2017年，中国游戏行业的整体营业收入约为2189.6亿元（折合275亿美元），同比增长23.1%。中国在游戏市场上的收入仍然占据榜首，位于第二的美国和第三的日本分别为251亿美元和125亿美元。究其原因，我们不难发现，中国消费者的数量以及社会生活质量提升带来的消费意愿，正是使中国成为最大游戏市场的两个必要条件。在可预见的未来，中国游戏市场无疑将会迎来更大的商机。

游戏行业产业链结构

从产业结构的角度来看，游戏行业产业链主要由游戏开发者、游戏运营商、游戏渠道商、支付服务商以及游戏玩家（消费者）组成。

游戏开发者是指做游戏产品的企业、团体或个人。其中，企业性质的游戏开发者一般称为游戏开发商。游戏开发者是游戏产品开发的主体，位于游戏产业链的上游部分。他们会根据市场需求制订产品的开发计划，完成程序、美术、测试等开发流程，并发布正式的游戏产品。

游戏运营商源自网络游戏中的概念，位于游戏产业链的中游部分，主要负责提供游戏产品的日常运营维护服务，并从中通过道具收费、时间收费等模式获取运营收入。另外，游戏产业链中游还包括辅助产业链中的电信服务商，以及其上游的服务器厂商、网络软硬件厂商、集成商、网络安全厂商等。

游戏渠道商与支付服务商共同组成了游戏产业链的下游部分。其中，游戏渠道商介于游戏运营商和最终游戏玩家之间，通过自身推广渠道向游戏玩家提供游戏产品的资讯介绍、下载或使用页面（网页游戏）等；支付服务商则主要负责向游戏玩家提供游戏产品消费行为的计费支付渠道。

4.8.2 游戏行业痛点

纵观整个游戏产业链，游戏运营商起到了纽带的作用。运营商利用自身资源并协调游戏开发商、游戏渠道商和支付服务商等各种资源，提供游戏产品上线后的运营维护、宣传推广、收益结算等服务，从中获取收益。与此同时，日益做大的运营商渐渐在游戏产业链中获取了更大的话语权，并通过兼并收购的方式向游戏开发环节拓展。当这些大中心化企业越来越多地在产业链上担任多个角色时，游戏似乎偏离了它的本质。

（1）难以自主的游戏开发者与游戏玩家

游戏开发者是游戏产品开发的主体，是保障游戏质量最关键、最重要的一环。然而，在如今的行业链条中，游戏开发者却难以自主。这不仅体现在中小开发团队或独立开发者往往会被大公司挤压生存空间上，而且行业细分带来的复杂性和专业性使游戏在上线前需要庞大的团队来带动项目，往往需要资金的支持。可想而知，为了获得融资，很多游戏开发者不得不放下自己的本职开发工作，四处奔波，与投资人周旋。大的游戏开发团队即便得益于业内口碑，尚不易获得投资人的青睐，更何况中小团队！

作为游戏行业消费支持者的玩家群体，本应该获得更多的话语权与选择权。然而，在面对强势的中心化游戏商时，玩家不仅选择有限，而且自身多样化的游戏需求也远远没有得到满足。

（2）店大欺客的中心化大厂商

被众玩家称为"暴雪爸爸"的这家游戏厂商在业内是出了名的霸道。暴雪制定的游戏用户条款十分苛刻，但玩家又必须遵从它的思路去玩。同样，类似于暴雪这样的大游戏厂商可以完全不理会玩家的意见，随意修改游戏内容。诸如此类的中心化管理所带来的弊端在业内已屡见不鲜。

另外，从游戏开发完成到最终送到用户手上，也存在诸多不合理的中间环节。这里以一款新游戏 A 的发行周期为例。A 游戏开发完成后，首先要经过游戏发行商或发行平台进行发行，这个中间环节往往要拿走 A 游戏 30% 的收入。然而，发行环节还仅是抽成的开始。要在一个挤了几百万游戏应用的平台上引起用户的兴趣，并使用户愿意安装，A 游戏的开发者就必须要投放广告。此时，不但广告商会拿走很多分成，而且在这个环节中虚假点击非常猖獗，游戏开发者的利益常常受到严重侵害。最终，开发者比拼的不是游戏本身好不好玩、游戏系统机制是不是足够透明，反而是比谁烧钱多。那么，结果只可能是那些由大资本开发出来的游戏最终被推到平台头部，被绝大多数用户看到。进一步讲，这又促成了大游戏厂商对行业垄断的格局。

（3）寻求改变的传统游戏

回到游戏产品本身，诸如游戏资产无所有权、游戏机制不透明、游戏经济体系紊乱等问题也是常被用户诟病的几大痛点。

首先，游戏中的数字资产看似在玩家手中，实际则不然。玩家对这些资产仅拥有使用权，而没有所有权。游戏资产的载体是游戏公司的中心化服务器，一旦游戏公司停止服务器运营或将游戏玩家账号封号后，玩家的游戏资产也随之消失。进一步讲，这些数字资产的所有权实际是掌握在游戏厂商手上。玩家无法真正地从数字资产中获益，甚至很大程度上无法按自己的意愿处理这些数字资产。

其次，游戏机制的不透明使玩家无法验证其真伪性，也无法通过监督来保证游戏厂商不作弊。很大程度上可能会出现游戏厂商利用自己的优势从中谋利，损害游戏公平性的情形。

最后，游戏经济体系的紊乱、资产过度产出、金币超发、氪金玩家对游戏平衡性的损害等问题，都损害了游戏的可玩性和玩家的长期黏性。

4.8.3 区块链带来的变化

重塑行业的经济关系

区块链是转变经济关系的一种途径。放到游戏行业里，游戏开发者与游戏厂商的关系，游戏厂商与玩家的关系，都将被重新定义，游戏产业链将会变得扁平化。在弱化了游戏厂商（这里更多指代游戏运营商等中心化大厂商）不必要的功能后，游戏开发者与玩家获得了更多的话语权与自主权，前者可以更专注于游戏的开发，后者能够使自身多样化的游戏需求得到满足。

以往大部分时候，游戏玩家和游戏厂商往往站在对立面。传统游戏运行在运营商的中心化服务器上，游戏厂商指定规则，游戏玩家尝试突破规则。在区块链世界中，游戏将会运行在多个节点上，如果其中部分节点由玩家运行并给予一定激励，那将会怎么样？

答案是运营商和游戏玩家以及游戏开发者就有可能形成一个社区、一个共识。游戏厂商的部分利益将与游戏社区的利益高度一致；游戏玩家会自发地维护游戏的平衡性，帮助游戏开发者获取用户，延长游戏的生命周期，共建整个社区。

打破发行渠道垄断的格局

对于游戏分发中种种不合理的盘剥，区块链可以打破大厂商垄断发行渠道的格局。正如前文所述，不仅发行商收取大量的发行费用，而且平台更是通过广告费、服务费等巧立名目，使游戏的投入产出严重失衡。对于中小型游戏开发者而言，这无疑是致命的打击。开发者不应该因为这些额外的支出而使好游戏无法面世，玩家也不应该因为这些资本盘剥而错过好的游戏。回归游戏的本质，一款游戏好不好玩才是我们应该评估的唯一标准。区块链为打破这种现状提供了技术途径，使游戏分发的中间环节不再有层层剥削，分发机制也将因此而变得高效、廉价。

游戏资产价值的释放

正如前文提到，传统游戏中的积分、道具、武器、角色往往全都归游戏厂商所有，中心化的游戏厂商获得了这些本该是玩家拥有的数字资产的所有权，玩家不但无法从中获益，甚至屡遭游戏厂商随意处置。

在区块链的逻辑下，一旦游戏内的资产上链，这些积分、道具、武器、角色完全可以归属到玩家的区块链地址下面，玩家对这个地址及其下面的资产拥有所有权及处置权。进一步看，我们可以理解为原本深藏于游戏内的数字资产因为上链确权而得到流通及复用，其价值因而得以释放。

这里有必要提一下复用。数字资产的流通交易，传统意义上仅限于同一个游戏内。那么当资产上链后，跨IP、跨游戏类型的场景下，资产复用是否变得可行？例如，玩家在《加密猫》中获得的加密猫是否可以在《模拟人生》游戏内出现于玩家的家中？玩家在《我的世界》中建造的城市建筑是否可以在一个开放世界、开放星球的游戏中直接导入？

答案是可能的。正是区块链对游戏内数字资产的沉淀作用，使这些数字资产将可以放在区块链上，从而得到永久的保留，甚至出现在其他游戏中。对于玩家而言，自己花几百小时玩一款游戏所积累的成就、荣耀都可能随着游戏的关服而消失。现在，这些数字资产将能够上链保存，甚至出现在一款新的游戏中。这将是多么不可思议的一件事！

4.8.4 去中心化区块链游戏应用

目前的区块链游戏可以大致分为卡牌类和虚拟经营类。

卡牌类游戏

卡牌类游戏的本质是构建于以太坊上的 ERC721 通证。由于 ERC721 通证的非同质性，因此每一枚通证都是独立的差异化个体，进而可以将其具象化为拥有不同外表和参数的形象，可以是猫、狗、鱼，也可以是国家、城市、名人。玩家用以太坊通证 ETH 购买的实际是这些形象背后对应的通证。

（1）《加密猫》

《加密猫》游戏于 2017 年底上线，目前已经繁衍超过了 41 代，累计近 70 万只猫，单只猫的价格大约为 0.0025 ~ 0.0030 ETH。其中，0 代猫有 1.4 万只，价格在 0.25 ~ 0.3 ETH，比巅峰时下降了 95% 以上。每日活跃玩家大约在千人左右。

玩法方面除了生成、出售、拍卖等基础玩法，加密猫还可以根据 8 个基因各自不同种类的排列组合拥有不同属性，并可以两只猫交配进行繁殖。

（2）《加密城市》（CryptoCities）

《加密城市》游戏于 2018 年 2 月上线，玩家可以探索、收集和交易以太坊上的虚拟城市，而每一个虚拟城市都对应着现实世界中的城市或村镇。玩家购买城市则拥有城市的所有权，城市的价格主要由其人口多少决定。部分城市还会有自己的特殊属性。玩家拥有城市和对应的分数后，就可以探索新城市。分数越高，探索得到大城市的概率也就越高。玩家可以转手将城市卖出，从而获利退出。目前涉及更多数值策划体系的玩法还在开发中。

由于第一代区块链游戏在玩法上相对单调乏味，2018 年春节过后出现了一批在卡牌游戏的基础上进行优化的区块链游戏，其中大部分都是加入了战斗系统。

(3)《阿尔法鱼》(Fishbank)

《阿尔法鱼》类似于区块链版的《捕鱼达人》。玩家最开始需要通过购买或捕鱼抓到一条鱼，每条鱼都有唯一的名字和属性，核心战斗属性是重量。玩家通过培养自己的鱼让它增重，战斗胜利也可以增重。鱼越重，玩家在全球排行榜中的名次越高。

虚拟经营类游戏

虚拟经营类游戏相对于卡牌类游戏，在玩法的丰富度和可玩性上都有了很大的提升。玩家可以根据自己的想法自由地创建虚拟世界，在其中进行各种建设、交易及战斗活动，并能够形成一套社区系统。但是相对而言，这类游戏往往与 VR、AI 等领域结合，对各方面技术的要求都比较高，开发周期也相对较长。

(1)《Decentraland》

虚拟经营类游戏的代表是有区块链版《我的世界》之称的《Decentraland》。在游戏中，玩家可以使用《Decentraland》发行的通证 MANA 购买虚拟世界里的土地，区块链不仅会记录交易，还会给出 x、y 坐标以记录数字地产的位置。所有未被购买的地产都可以按照每一地块 1000 MANA 的价格买到，但不同领地在二级市场的价值会随它们距离中心的远近和流量大小而有所差异。玩家还可以在自己拥有的土地上开发自己的应用和内容（相当于是开发了自己的公链，让社区开发者可以在公链上开发自己的应用），构建自己想要的建筑或游戏，并获取这些应用的全部收益。

(2)《哈希世界》(HashWorld)

《哈希世界》于 2018 年 2 月在新加坡首发，玩家可以在《哈希世界》里玩游戏获取数字资产，购买土地并收租获益，对土地进行个性化改造以及转让虚拟土地。与《Decentraland》的完全虚拟世界有所不同，《哈希世界》打造的是虚拟的平行世界，玩家可以在游戏中基于 LBS 机制进行土地购买，买下现实世界里心仪的土地，获得游戏中该地产的所有权，并可以获得其他在现实中该位置挖矿的玩家得到的收益中的一部分作为"地租"。《哈希世界》采用中心与去中心化相融合的架构，游戏机制、游戏数据都在链上公开透明。

4.8.5 游戏行业展望

游戏行业应该何去何从，如何才能健康地发展？说到底还是要回归游戏的本质。你是否曾经满怀期待地等待一款游戏的发行？是否曾经津津乐道地与朋友讨论游戏中的玩法与彩蛋？是否曾经孜孜不倦地将游戏介绍给身边亲友，一起来玩的体验？归根结底，使一款游戏经久不衰的因素是游戏本身的可玩性，而不是其他东西。好玩才是评判游戏的最根本标准。

围绕这个评判标准，现有区块链游戏的可玩性以及用户体验是不达标的。建立在以太坊上的 DApp 动辄造成网络拥堵，更是对游戏本身玩法的极大限制。

区块链游戏的演进，首先会在基础设施上得以突破。行业中已经有不少游戏公链项目在紧锣密鼓地进行中，包括 Cocos、GameChain 和 SGChain 的入局，Loom 的侧链解决方案，Enjin+Unity 的道具上链。

基础设施完善后，类似于 Steam 的区块链游戏平台才变得可以实现，甚至可能出现"Steam+Kickstarter"组合的区块链游戏平台。Steam 是一个非常成功的、为全球数亿玩家提供游戏下载的平台，而 Kickstarter 是一个互联网众筹平台。在这样的平台上，玩家不仅是消费者，还是投资者，更是社区生态的建设者与利益分享者。

（1）中小游戏开发者不会因为融资困难而终止潜在的优质项目；

（2）更多优质的小制作游戏能得以面世；

（3）玩家参与社区生态的建设，通过通证自经济得以激励，并获取新的用户导入；

（4）游戏厂商不再为所欲为，退化为社区秩序的维护者与参与者，与玩家共建社区生态。

只有在基础设施、社区生态逐步完善的情况下（可能是并进而不是依次的过程），真正意义上的区块链游戏才会诞生。正如前文所述，对于游戏，首要且最重要的评判标准是好玩。区块链游戏的未来形态应该是具备更多的自由度、更透明的游戏机制以及更大的互动性。

4.9 分布式能源

4.9.1 分布式能源的定义及优势

分布式能源（Distributed Energy Resources）是指分布在用户端的能源综合利用系统，是以资源、环境和经济效益最优化来确定机组配置和容量规模的系统。它追求终端能源利用效率的最大化，采用需求应对式设计和模块化组合配置，可以满足用户的多种能源需求，能够对资源配置进行供需优化整合。

相对于传统的集中式供能的能源系统来说，分布式能源系统直接面向用户，按用户的需求就地生产并供应能量，具有多种功能，是一种可满足多重目标的中、小型能量转换利用系统。一般来说，分布式能源系统的优势主要体现在以下几个方面。

（1）能源利用效率高

分布式能源可以进行冷、热、电联供，实现能源的梯级利用，显著提高能源利用效率。

（2）能源传输损耗低

分布式能源靠近用户，可就近消纳，减少了传输距离，降低了能源在传输过程中的损耗。

（3）利于可再生能源的发展

风能、光伏等可再生能源发电具有间歇性和波动性，大容量集中接入电网将对主网产生强烈冲击；而分布式发电为可再生能源发电接入电网提供了新的途径。

（4）环境污染小

分布式能源系统通常采用天然气、风能、太阳能、氢气或生物质能作为能源，可有效减少污染物的排放。

（5）解决边远地区的供能问题

边远地区集中供能代价高昂，根据当地资源禀赋，因地制宜地发展分布式能源，可有效解决边远地区的供能问题。

4.9.2　我国分布式能源行业的现状

目前，我国的分布式能源主要以天然气、太阳能光伏、生物质能为主。

（1）天然气分布式发电

根据前瞻产业研究院《2018—2023年中国分布式能源行业商业模式创新与投资前景预测分析报告》的数据显示，我国天然气分布式发展目前刚刚起步，2016年全国天然气分布式发电累计装机容量为1200万千瓦，不到全国总装机容量的2%，距离《关于发展天然气分布式能源的指导意见》中到2020年装机规模达到5000万千瓦的目标还有很大差距。

根据《关于发展天然气分布式能源的指导意见》，我国将建设大约 1000 个天然气分布式能源项目，拟建设 10 个左右各类典型特征的分布式能源示范区域。到 2020 年，在全国规模以上城市推广使用分布式能源系统，装机规模达到 5000 万千瓦，初步实现分布式能源装备产业化。

（2）分布式光伏发电

如今，我国在全面推进分布式光伏和"光伏+"综合利用工程上已经初见成效。数据显示，截至 2016 年底，我国光伏电站累计装机容量为 6710 万千瓦，而分布式累计装机容量则达到了 1032 万千瓦。截至 2017 年 9 月底，全国光伏发电装机达到 1.20 亿千瓦，其中，光伏电站 9480 万千瓦，分布式光伏 2562 万千瓦。

（3）生物质能发电

生物质能利用的方式主要是直接燃烧、发电、气化和转变为成型燃料。所谓生物质气化是指利用工业手段将秸秆变成天然气。用秸秆转变成的天然气虽然与煤相比缺乏竞争力，但是和煤气、天然气相比是具有竞争力的。秸秆气化也可解决小区域集中供气的问题。此外，生物质成型燃料是替代煤的好产品。成型燃料在我国已实践了几年，技术已比较成熟，例如，秸秆固化成型是成熟的技术。

近年来，随着对可再生能源的加大开发、利用，生物质能发电得到了快速发展。2016 年我国生物质能发电项目装机容量达到 1224.8 万千瓦，较 2015 年再增加 104.9 万千瓦，发电量达到 634.1 亿千瓦时。数据显示，目前我国生物质发电项目达到了 665 个，仅 2016 年一年内就再添 66 个项目，成为投资领域的新宠。

4.9.3 分布式能源行业的痛点

近年来，分布式能源系统以其高效、灵活的结构优势在能源行业中得到了长足的发展。按能源种类划分，分布式能源可以是煤、天然气、石油等一次能源，也可以是电力等二次能源，但其中可实现大规模应用的主要是电力。

对于电力等大规模应用的场景而言，传统的公用事业模型在过去的一个世纪主宰着能源市场。高盛的区块链报告中指出，结构上，大型电站的规模经济将投资导向中心化的资源（如煤炭、天然气加工厂），远离人口中心，电力经过长距离的输配电基础设施到达终端消费者。事实上，尽管由于能源效率提高和近些年的经济问题，总体的需求量每年减少约1%，美国的公用事业公司仍继续大量烧钱，而且现在将大量资本支出导向输配电基础设施。结果就是，即便主要原料天然气的价格面临通货紧缩压力，电价仍然节节攀升。

高盛的报告中还指出，线路损耗、可靠性以及负载平衡是制约行业进一步发展的三大瓶颈。结合我国的情况来看，行业的主要痛点体现在以下几个方面。

（1）投入成本大

分布式发电源的类型繁多、发电能力不一、数量庞大，并且地理分布分散，以至于人工管理、调度、维护起来非常困难。再者，风、光等新能源的发电量完全依靠自然条件，无法准确预测且不稳定，还有设备投入与维护费用，这些都使其利润低微，甚至无法保障利润。

（2）运营难度大

巨额投入成本所有带来的另一个问题是中心化的供电管理无法建立，或没有人愿意建立此类系统。然而，系统的建立只是最初步的问题，如果这样的系统能成功建立并连入电网投入使用，系统的运营又是另一大难题：如何保证网内电能交易的公平、公正与公开；如何确保交易执行；如何合理地分配电能与制定价格，使用户的需求得到满足、利益得到保障；如何高效合理地利用资源，等等。

（3）消费者没有相应的激励

归根结底，运营的难点在于目前分布式能源的激励机制很不健全，对用户缺少吸引力。诚然，分布式能源将打破电力行业一直以来的大锅饭格局，但是目前没有公平的激励方式以及政策和监管的不确定性，都制约了更多人进入这个行业。

（4）用户的隐私安全受到威胁

用户及消费者在生产和消费能源的同时会产生大量的用户数据。一方面，保证数据的真实有效是维持系统运行及优化的必要前提；另一方面，如何在收集用户数据的同时，保证其隐私不受侵犯，对技术提出了很大的挑战。

4.9.4　能源互联网：区块链带来的革命

所谓能源互联网，即综合运用先进的电力电子技术、信息技术和智能管理技术，将大量由分布式能量采集装置、分布式能量储存装置和各种类型负载构成的新型电力网络、石油网络、天然气网络等能源节点互联起来，以实现能量双向流动的能量对等交换与共享网络。区块链技术的引入，使实现能源互联网成为可能。

能源互联网是一个集能源采集、线上分配、流量数据分析、负荷和发电预测、智能管控等于一体的综合性闭环式网络，分布式能源系统又是其中最根本的系统架构。同样，区块链的最大特点——去中心化，无疑与该系统的去中心化构造不谋而合。在区块链网络中，首先，每个节点的地位平等且通过共识机制自动自发地维护网络的运行，这对应了分布式能源系统中用户共同协作实现自适应调度的需求；其次，每个节点都分享存储所有历史数据，数据以时间戳链接，同时有限开放可见，这对应了分布式能源系统中公平公正交易的需求，同时又保护了用户的隐私；最后，区块链系统中独创的智能合约则有效解决了系统分析和交易执行的难题。

区块链为我们提供了构建全新信任体系的技术手段，使能源互联网概念的落地成为可能。进一步讲，这将会实现虚拟经济和实体经济的价值转移，使那些原本隐藏在行业深处、公众无法接触的资产在区块链上通过数字资产和市场的方式释放出来。

区块链技术将在多方面改变能源行业的现有格局。在最具颠覆性的场景中，结合区块链和通信技术可以促进数百万的参与者之间更安全地交易和支付，为去中心化能源市场赋能。简单地说，区块链天然的分布式特征可以让分布式的能源用户无缝地将电力卖给附近的消费者，实现真正的本地化能源生产和消费。

区块链能源点对点交易

在纽约的布鲁克林，一家名为 TransActive Grid 的创业公司已经建立了一个基于区块链技术的 P2P 能源销售网络，安装了屋顶太阳能的家庭可以向同一条街上没有安装屋顶太阳能的邻居出售他们生产的电力。这种可能存在于小型和本地化的微型电网上（居民用或工业用），因为未来数十年的大多数能源生产仍然会是中心化的。

传统能源技术的区块链新应用

一些企业也在利用区块链优化能源行业里的传统技术。Electron 是一家总部位于英国的公司，旨在利用区块链技术，建立一个分布式的天然气和电力计量系统。它正在开发一个区块链平台，允许消费者在不同的能源提供商之间切换服务，通过区块链技术对能源计量表进行有效的管理。目前，这种切换能源服务通常需要两周的时间，而且成本较高。但是，通过区块链技术可以把这个过程缩短至几分钟。

能源区块链公链项目

Grid Singularity 是一家区块链技术开发公司，它和科罗拉多州洛基山研究所（Rocky Mountain Institute）合作开发了可商业应用的能源区块链项目。

不仅如此，这两家机构还合作推出了一个非盈利性组织——Energy Web Foundation(EWF)，并且与多家能源行业巨头达成了合作关系，包括美国最大的电力公司杜克能源（Duke Energy）、壳牌、森特理克（Centrica）、东京电力公司和德国 Innogy。

2017 年 11 月，EWF 推出了开源区块链，允许开发人员在其区块链上创建通证。此外，该机构还确定了四个区块链创新领域，包括公共事业计费、追溯能源来源、满足分布式能源需求，以及协调电网实时价格。

4.9.5　行业展望

对于能源互联网或能源区块链的应用落地，我们仍然面临着诸多挑战。

（1）市场需求

市场需求是最重要的。虽然理论上区块链能让交易做到无缝化和自动化，但电力消费者通常都不是电力生产者，更不是产生收入的人。这将意味着消费者的思维需要一次剧烈的改变，即在一个更加分布式的电网中，买家和供应者之间的市场动态并非透明可见。

（2）监管政策

能源行业具备自身的特殊性，需要考虑的是相关电力市场的准入规则、电力市场交易的规则等。从政策角度看，要想让区块链赋予分布式电力用户互相直接交易电力的权利，监管政策必须随之改进。

（3）物联网硬件设施

物联网硬件作为能源互联网系统的入口，其设备的覆盖率以及数据采集的真实性、稳定性都将影响网络的运作。

（4）能量流和信息流的统一

区块链技术可以提升交易流程的安全性，但实际上电力传输仍然需要从电网的一个节点传输到另一个节点，电网的维护与运营仍是由公用事业公司、输电调度员管理的。

可喜的是，我们看到了行业在飞速发展。工业和信息化部发布的《2018年中国区块链产业白皮书》中，对区块链能源应用做出了积极的肯定："伴随着能源革命和环保运动，能源行业正在向清洁化、分布式转型，呈现多能流互补的新型能源结构。自下而上的分布式能源体系将成为传统能源体系的有力补充。在这一过程中，区块链有望成为能源互联网基础设施重要的实现手段。"

该白皮书将能源产业链分为能源生产、能源交易和能源投融资三个部分。生产环节中，通过区块链技术可以大幅降低政府、企业、个人在能源生产环节的进入门槛，在此基础上实现更灵活的商业模式，打通数字世界和物理世界的隔阂。在交易环节中，针对批发能源交易市场，区块链及智能合约保证资金安全，降低违约率。针对零售能源交易市场，分布式交易系统和带动清洁能源是两大特色。在能源投融资方面，基于更加透明的可追溯的区块链技术，增加资产细节，提高投资环节透明度，使传统能源企业的优质资产获得更低成本的融资渠道，降低投资者的风险以及政府的监管成本。

毫无疑问，能源行业的区块链化是一个趋势，一旦这个应用场景大规模落地使用，将会彻底改变能源领域的经济关系。

第 5 章
区块链构建产业新生态

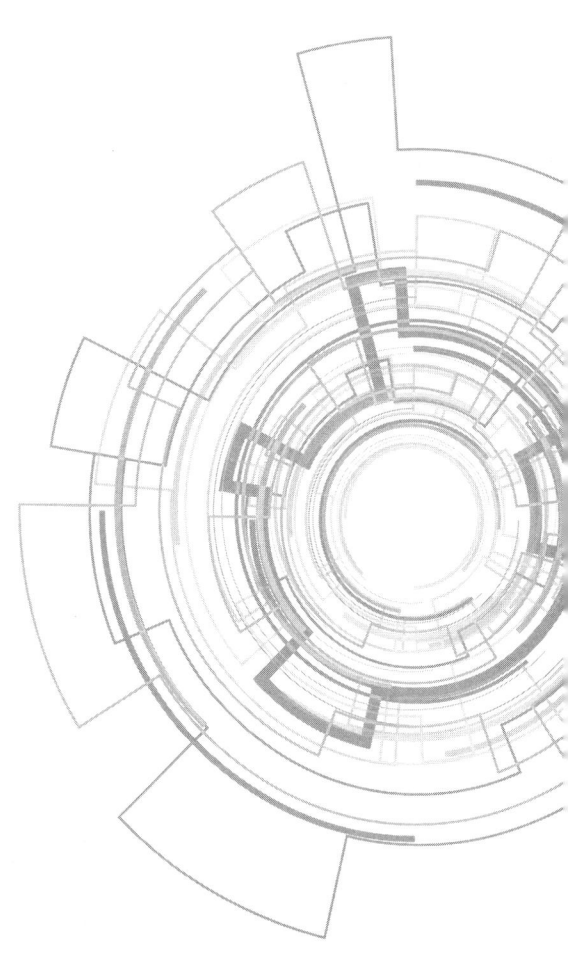

区块链技术是基于互联网技术发展起来的信息技术（包括软件和硬件），其应用将使源于信息交换的互联网升级为价值交换网。用于价值交换的区块链将如同当年的互联网一样，创造出一个全新的、互联互通的区块链新生态。

5.1 区块链优化传统大数据

目前，社会上各行各业都有各自海量的数据，而这些数据的持有者主要可以分为两类组织。一类是各级政府行政部门，它们因为社会管理职能的需要，掌握有大量的社会公共信息和个人隐私信息。例如，公安局拥有个人身份信息，税务局拥有纳税信息，住房和城乡建设局拥有各地的房产信息，等等。这些信息依附于政府行政职能而产生。另一类就是各大商业企业，它们掌握着大量的客户和商业数据信息，如客户的消费习惯、能力、行为偏好等。这两类组织基本垄断和控制了不同行业的数据源。

5.1.1 当前大数据存在的问题

（1）主观及客观原因造成了事实上的数据孤岛

处于数据垄断地位的各类组织，不论是出于对自身商业利益的考虑，还是对社会公共安全的担忧，其主观上对数据开放共享的意愿不强，甚至是抗拒。

而且，我们在实际的数据共享操作中也缺乏数据共享的基础和交换机制。

以医疗数据共享为例，大数据主要来源于医院的电子健康档案，包含门诊、急症、住院、体检等一系列数据。患者个体的数据被分散地存储在各个医疗机构的纸质或电子病历档案数据库中。数据共享面临两种现实问题：其一是数据的存储介质不统一，有电子记录，也有纸质记录；其二是数据标准不统一，没有统一的数据存储编码。

这些主观及客观的原因都限制和阻碍了大数据在社会领域的共享流通，使海量的数据只能独立地存在于各个数据垄断组织的手中，成为一个又一个的数据孤岛。

（2）数据质量无法保证

互联网时代，数据生产随着存储成本和通信成本的降低而大幅度地增加，信息开始变得极度丰富。但实际上真正的有用信息往往被淹没在海量的低质量信息中，使数据质量大幅下降，无法保证。所以，现在的困境不是没有数据，而是怎样从过量的数据中辨别出真正有用的数据。

以互联网门户网站的常用指标——点击率为例，它的目的是确认网站的日活数量、用户黏性，从而得以评估网站的价值。但是，由于网络爬虫软件的运用和网络水军的兴起，大量的平台点击数据可能都是网络爬虫伪装成用户的点击数据，或者"僵尸粉"的假数据。在某种程度上，这些数据都是低质量的垃圾数据，它们混合在真正的点击数据中无法区分，从而降低了数据的质量和有效性。

（3）数据所有权难以界定

数据要实现共享与交换，最根本的问题就是要界定数据的所有权，也就是数据的产权要清晰。然而，这并不是一件容易的事情，涉及技术、商业和法律等诸多方面的问题。当前数据产权的潜在规则是"谁采集，谁拥有"，数据的所有权并没有真正归属于数据的生产者。在这种情况下，数据采集者到底只是具有数据的使用权还是拥有所有权，其实是非常模糊的。因此，所有权不清的数据被人有意无意地盗用、倒卖、篡改，也就变得屡见不鲜了。

以购物网站的信息定向推送为例，用户在网站上消费，产生了消费数据。而网站在采集了用户的消费数据之后，就能获取用户的消费偏好等数据，从而向用户定向推送服务信息。在这个过程中，网站使用用户生产的消费数据，如果有清晰的法律界定，数据属于数据生产者，那么网站的定向推送服务实际是对消费数据的利用，因此，可以认为网站对数据只具有使用权，而不具有所有权。

（4）数据的定价无法衡量

有了产权清晰的高质量数据，下一个问题就是数据定价。实际上，数据已经被广泛认为是一种资产，但数据量化定价却一直没有成熟的方法。

虽然当前存在的数据定价方法包括协议定价、拍卖定价、模型定价、撮合定价等，但是这些定价方法实际上均没有明确的定价原则。

5.1.2 区块链技术带来的变化

区块链技术的主要特点是公开、难以篡改和可追溯性。基于这些特点，区块链技术在大数据流通和共享上可以发挥很大的作用，新技术的应用可以有针对性地解决很多问题。

（1）确定所有权

区块链技术对数据可以提供可靠的溯源路径，通过对每一笔交易的记录和追溯，使数据的来源、所有权、流通路径都变得清晰透明。数据一旦上链，即便经过无数次的转载、复制、交易，依然能够非常容易地确认数据的生产者、拥有者和使用者，从而为数据交易打下坚实的基础。

（2）提升数据质量

互联网时代的有用信息通常都淹没在海量的低质量信息中，大幅降低了整体数据质量。区块链的溯源机制使每一个数据都可以追溯其数据源，从而促使每一个数据源都为自己的数据负责。这从某种程度上为数据打上了品牌的烙印，大大改善了数据的可信度，提高了数据的质量。

（3）实现数据定价

区块链与大数据的结合，使每一个小数据或微数据的使用频率、交易频率在区块链上都是可信、公开、可追溯的。用户或投资者能够很轻易地确认每一个小数据或微数据的实际使用价值，因而改变了现有大数据所面对的各种不确定性，例如，数据生产者是否存在、交易数据是否属实等。数据的确定性为数据定价打下了基础。再加上区块链自带价值交换功能，便于数据生产者和数据消费者直接交易，在大量的交易过程中最终将实现数据的市场定价。

5.2 区块链重构云计算和物联网

5.2.1 从云计算到雾计算

如果大数据的未来是走向小数据和微数据，那么，云计算的未来则是走向雾计算。

云计算主要是指互联网上的数据中心提供给企业和个人各种 XaaS 的商业模式。其核心是利用数据中心所具有的便利和效率，建立基于传统的服务器/客户端体系结构模式，如 BaaS，来提供各种商业服务。

雾计算是云计算的延伸概念。与云计算中心化的数据中心不同，雾计算所涉及的应用程序、数据等都散布在网络边缘的不同设备中，而不是几乎全部保存在中心化的云中。雾计算本质上是分布式计算技术的一种，是在靠近终端设备的位置上进行数据处理的方法。它通过接近用户的数据处理，为用户提供各种服务，从而提高用户体验。

雾计算不用将所有数据上传至云数据中心，计算和数据存储可以分散到终端、传感器和用户的边缘。这种数据处理方式不仅可以缓解云带宽、计算等压力，还可以优化面向感知驱动的物联网服务架构。例如，家里的空调、热水器、冰箱、安防摄像头等可以通过雾计算进行协调运行，即使在网络出现故障、连接不上云服务器的情况下也能确保最佳的服务状态。

5.2.2 当前物联网存在的问题

传统物联网系统基于服务器/客户端的中心化架构，即所有物联设备都通过云实现验证、连接和智能控制。但是，中心化的物联网架构仍存在一些问题，包括以下三个方面。

（1）开发和运行成本高

当前可以实现远距离扫描的标签，每个成本要1美元左右，一个解读器的成本大约为1000美元。而物联网技术的应用成本还包括接收设备、系统集成、计算机通信、数据处理平台等综合系统的建设，高昂的开发成本很难使这一产业得到大规模的推广。

例如，在家庭物联网的应用场景下，两台家电相距很近，但必须通过千里之外的云端数据进行沟通。数据汇总到单一的控制中心，企业所销售的终端物联设备越多，其中心云计算服务支出的成本就会越大。由于终端物联设备竞争越激烈，利润走低，中心计算成本压力就会越来越突出。

(2)安全问题突出

中心化的数据收集和服务方式无法从根本上向用户保证数据被合法使用。虽然目前《中华人民共和国网络安全法》已经问世,但如果没有技术的变革,仅依靠法律手段进行治理,还是存在难以有效监管的问题。

可靠性、安全性和隐私保护已经成为互联网产业关注的重点。伴随着物联网和互联网的发展,整个人类世界都会映射到网络上,所有的活动和设施都是理论透明的,一旦遭到攻击,安全和隐私将面临巨大的威胁。

在中心化的物联生态系统中,一个设备被攻陷,所有的设备都会受到影响。2017年,《麻省理工科技评论》就曾指出僵尸物联网的存在,即黑客可以通过感染并控制摄像头、监视器等物联设备,造成大规模的网络瘫痪。

(3)数据标准不统一

截至目前,物联网的核心架构、技术接口、协议都不统一,与互联网行业的标准化工作相比存在较大的差距。此外,物联网的建设成本也较高,短期内还不存在大规模应用的环境,阻碍了标准化工作的推进。

5.2.3 雾计算与区块链融合下的新一代物联网

物联网终端设备有限的计算能力和可用耗能是制约区块链应用的重要瓶颈,但雾计算可以解决这个问题。以移动雾计算为例,移动雾计算服务器可以替终端设备完成PoW、加密和达成可能性共识等计算任务。

雾计算与区块链融合能提高物联设备的整体效能。以物联网设备群为例,一方面,移动雾计算服务器可以充当物联设备的"局部大脑",存储和处理同一场景中不同物联设备传回的数据,并优化和修正各种设备的工作状态和路径,从而达到场景整体应用最优;另一方面,物联终端设备可以将数据"寄存"到雾计算服务器,并在区块链技术的帮助下保证数据的可靠性和安全性,同时也为将来物联设备按服务收费等多种发展方式提供了可能性。所以，物联网中雾计算与区块链的结合是大势所趋。

雾计算与区块链的融合需要解决安全、计算资源分配不均等问题。在雾计算的应用场景下，雾计算服务器受实际计算力的限制。在具有私有性的物联网体系中，比较现实可行的方法是采用"白名单制"，即免去挖矿达成共识机制的过程。但是，如果有设备冒充物联网终端白名单设备与移动雾计算服务器进行交互，则很容易引发安全问题。

另外，因为移动物联设备本身的挖矿能力较弱，或者根本不具备挖矿能力，所以需要通过移动雾计算服务器进行。那么，在多物联终端委托统一雾计算服务器进行计算时，资源如何分配？通过什么样的共识机制能实现最优？目前这方面的研究仍然较少。

雾计算运用于物联网存在的问题

雾计算与物联网结合仍存在以下三个问题。

（1）算力通用性问题：不同类型的电器，其算力能否实现通用？例如，如何利用洗衣机多余的计算力来计算冰箱的数据。

（2）付费模式问题：雾计算将原来集中的云付费分散到了网络边缘，会涉及多厂家设备协同参与，那么如何计费？

（3）数据安全问题：原有的云计算集中防御机制能否适应新的雾计算应用？

正是因为上述问题的存在，目前雾计算还只能是云计算的补充。

区块链重构下的云计算

在当前区块链的发展阶段，如果商业用户想落实自己的区块链，就必须搭建自己的技术团队，到 Github 上研究使用比特币、以太坊或 Fabric 的软件代码，购买虚拟服务器或实际硬件，然后争取搭建自己的区块链。这通常是一个非常复杂的过程，对技术团队的要求较高，而且花费不菲。

所以，很多传统的云服务商，如微软、亚马逊、阿里巴巴、百度、腾讯及华为都希望能成为区块链的云服务提供商，它们的运行模式基本都照搬之前的云计算服务模式，在虚拟系统里部署区块链节点，建立区块链网络。但是，该模式部署的区块链网络节点实质上是一个云计算中心，甚至这个云计算中心是由部署在一个机柜里的几个系统组合而成。也就是说，区块链网络是在中心化的设施上运行，使去中心化的区块链安全、可信、可追溯等优势都无法体现，这就是现阶段本质中心化的"形式区块链"。

因此，区块链重构下的云计算必须以去中心化的高性能区块链（包括各种公链或联盟链）为基础，通过专业区块链开发人员开发各种标准接口，实现现有商业用户软件团队的快速应用，从而为用户提供更加完善、便捷的区块链开发和运营体验。

5.2.4　未来物联网的新挑战

区块链技术与物联网的结合同样面临服务托管、计算性能、响应时间和海量存储等方面的挑战。

（1）数据量与系统性能的问题

区块链的智能合约在原理上要求每个用户都有一本完整的账本，并且有时需要追溯每一笔记录。因此，用户规模越大，对系统的性能要求就越高。在数据量不断增加的情况下，如何保证系统性能是区块链技术亟需解决的问题。

（2）计算能力和响应时间的问题

分布式对等计算的时延问题已经是当前公认的难题，这个问题集中体现在交易的处理速度上。此外，理论上分布式账本需要存储在节点本身，这对现有物联网终端而言基本上不可能实现。因此，不仅在交易的处理速度上需要进一步提升，而且在数据的存储上也需要进行优化，这样区块链技术才有可能真正和物联网结合起来。

此外，区块链与物联网的结合还需要应对服务商可信度、认证安全和法律监管缺失三大风险。

（1）服务商可信度的风险

任何由中心化组织提供的技术服务，其可信度不会超过组织本身的信誉。区块链服务商也难逃以人为基本单元的中心化组织本身的规律。目前，各大IT公司都在争相开发与区块链相关的框架体系和应用，但还处于区块链技术的初级阶段，即使是IBM等国际大公司所提供的区块链物联网相关应用案例也处于探索阶段。当企业或个人选择区块链服务时，服务商本身的可信程度依然是最重要的因素。

（2）认证安全的风险

当前区块链基于公私钥密码体系保证每个用户都有自己唯一的私钥。在去中心化的状态下，如果私钥丢失，用户将无法证明"自己"是"自己"，造成的损失将无法挽回。而在中心化的体系中，如银行卡等遗失，用户可以前往银行营业点进行处理，并不会导致账户控制的资金或数据完全损失。而且，用户在区块链中是透明的，这会给用户带来隐私安全方面的隐患。

（3）法律监管缺失的风险

这是由于区块链仍处于技术发展的早期所带来的风险。由于目前区块链仍然是一个全新的领域，相关的法律或监管规则是缺位的。这给物联网制造商和区块链服务商带来了前所未有的自由度，同时也给用户带来了更多的不确定性。

5.3 区块链即服务：BaaS

根据工业和信息化部发布的《2018年中国区块链产业白皮书》，区块链即服务（BaaS）是一个基于云服务的企业级区块链开放平台，可一键式快速部署接入，拥有去中心化信任机制，支持私有链、联盟链或多链，拥有私有化部署与丰富的运维管理等特色能力。

5.3.1 链改之难

区块链技术的潜力已经引起了人们的广泛关注。伴随着创业者和资本的不断涌入，各类应用和需求将会越来越多地通过与区块链相结合的方式，引入区块链特有的分布式特性及通证经济学，进而实现对系统流程的改造，让各类应用再次焕发出新的生命力。这个过程即为链改。

然而，企业实施链改并非易事。一般而言，目前存在以下几个难点。

（1）选择艰难

企业面临的第一个问题是选择使用何种底层基础链。底层基础链相当于区块链的操作系统，是区块链应用的基础。据不完全统计，截至2018年6月至少已有数十个基础链平台项目，底层基础链之争日趋白热化。站在企业的角度，未必能够详细了解每一个基础链的优劣，不仅评估耗时耗力，而且试错成本较高。

（2）开发困难

区块链平台的部署和维护需要多方面的技能，这对很多应用开发者来说都是不小的挑战。以比特币为例，虽然比特币是截至目前最大的区块链应用，但仍有大量的商家不懂如何搭建比特币服务端钱包，需要花费大量的力气研究公链钱包部署及优化，甚至没有足够的技术人员来部署配置。此外，对开发者不友好、部署难度大、底层基础链之间不兼容等都是当下开发者面临的大问题。

（3）人才难求

区块链作为新兴领域，目前没有足够的开发人员及技术积累，开发人员也不能很快地得到训练。区块链建立在数十年的计算机科学、密码学和经济学研究之上，所需要具备的不仅包括数据结构、加密、分布式系统等技术领域知识，而且需要开发者储备经济学、博弈学等非技术领域知识。因此，好的区块链开发者及开发团队极为稀缺。

5.3.2 BaaS：安全、可靠、易用的区块链服务平台

为了解决这些问题，BaaS 平台应运而生。它可以利用云服务基础设施的部署和管理优势，为开发者提供创建、使用及安全监控区块链平台的快捷服务。目前，BaaS 可广泛应用于金融、医疗、零售、电商、游戏、物联网、物流供应链、公益慈善等行业中，重塑商业模式，提升客户在行业内的影响力。

简单地说，BaaS 可以降低开发者成本，使开发者专注于业务应用层面的开发，而非区块链底层技术。目前，腾讯、百度、华为等科技企业纷纷推出了自家的 BaaS 平台。腾讯区块链 BaaS 开放平台定位于打造领先的企业级区块链基础服务平台，帮助客户从业务的角度理解区块链，专注于帮助企业快速搭建上层区块链应用场景；华为云区块链服务 BCS 聚焦于区块链云技术平台建设，帮助企业在华为云上搭建企业级区块链行业方案和应用，共同推动区块链应用场景落地，打造基于区块链的公共信任基础设施和共赢生态。

除了科技巨头推出的 Baas 服务平台，一些新兴的区块链创业科技公司也推出了非常有特色的 BaaS 服务平台，其中比较知名的是火花链 BaaS 平台。火花链 BaaS 平台是对接各行业应用和各大公链的接入平台，采用一系列技术来提高公链的接入 TPS，并统一公链之间的接入差异，降低接入难度，使一套接

口能快速在各种不同公链之间进行切换或实现跨链交易。其具备以下特点。

（1）标准化接口

火花链 BaaS 平台提供了一套标准化的接口，包括钱包管理、交易支付、文本上链、文件上链、GAS 管理等，方便开发者调用。

（2）多链支持

火花链 BaaS 平台对接了多条公链，既包括如以太坊等主流的公链，也包括新兴的、应用成本更低的井通、墨客等公链，可以满足不同用户的不同需求，同时方便用户在各条链之间相互切换。

（3）高性价比

用户上链完全不需要前期投入成本，只需要根据实际使用量付费，能极大地降低初始成本和运行使用成本。

（4）全程运维和监控管理

火花链 BaaS 平台可以为区块链客户提供全系列的系统状态、性能和交易情况的监控及报警能力，从而降低用户运维成本。

（5）高效的存储速度

火花链 BaaS 平台将区块链账本存储到 IPFS 存储文件中，能最大限度地满足用户海量的快速存储需求，并根据市场需求逐步推出区块数据存储到关系型数据库的能力，从不同角度满足用户对存储速度的要求。

5.3.3　BaaS 平台生态

打造安全、可靠、易用的 Baas 平台，主要从以下三个方面着手。

基础架构

（1）公链整合及智能合约挑选

BaaS 平台需要提供多种区块链解决方案，包括整合知名的公链服务，如比特币、以太坊、墨客等。BaaS 平台将为这些异构区块链平台进行封装，屏蔽其底层的差异，并在上层为用户提供相同的能力。除此之外，BaaS 平台还能帮助开发者选择合适的智能合约，支持跨链开发，最大化地利用每个公链服务的优势部分。

（2）提供通用技术服务

例如，IPFS、IOTA 等通用技术的发展大大降低了区块链应用开发的门槛，加快了应用落地的进程。BaaS 平台应跟进行业发展，兼容并提供相应的解决方案，帮助用户省去自行开发的时间，加速产品的迭代。各垂直行业区块链应用的成熟将反过来催生新的通用需求，模式的成熟使共通性更加明显。这也是 BaaS 生态中不可或缺的重要环节之一。

便利开发者

（1）开发者友好

BaaS 平台需统一各个区块链的底层服务，通过使用高层语言，降低区块链项目的开发难度。一键式搭建开发环境的功能，是使开发者不再为环境的搭建而感到烦恼的重要手段。

（2）无需购买额外服务

开发者不需要再花费大量的金钱去购买存储服务、CDN 服务、带宽服务、计算资源等，帮助开发团队节省成本。

（3）基础服务简化工作

开发者在开发中会经常做一些重复劳动，这就要求 BaaS 平台提供一些通用的基础服务，如用户账号创建、授权、交易等。开发者可以直接通过合约地址访问这些基础服务，从而避免重复和低级的工作，集中精力关注自己最有价值的业务开发。

产品化方案

（1）贴近中心化系统的用户体验

谈起区块链系统，必然要谈到区块链钱包。区块链钱包分为公钥和私钥，公钥是通过加密算法从私钥计算而来。用户在向区块链网络发起支付请求时，必须使用私钥。所以，用户在使用时喜欢把公钥当作银行账户，而把私钥当作支付密码。然而，这个私钥却和密码完全不一样。传统意义上的密码可以随意修改，即便用户忘记了，也可以通过多种手段找回；私钥则不能如此灵活，它不能被修改，除了某些钱包产品提供助记词之外，也鲜有技术手段可以找回忘记的私钥。所以，在"加密货币"的早期投资者中，不乏账户上有着大额的数字资产却只能忘之兴叹的纸上富贵的人。

私钥的保存和管理十分重要，使用也很频繁。凡是需要支付或在区块链上留下记录的操作，都需要私钥才能完成。经常使用，总有泄露的危险。一旦泄露，则意味着资产将被盗取，连锁定账户的余地都没有。对于习惯了网银操作的普通用户来说，这种体验是极不友好的。这就要求有技术手段在保证安全的情况下，用类似网银的体验来完成区块链的操作，才有可能使区块链的应用更加深入人心。

（2）面向应用的工具集

各个公链都为开发者准备了各种客户端、开发工具集、开发环境等，以方便开发者在自己的公链上创建 DApp 应用。即便如此，真正想要从事区块链开发仍然不是一件容易的事情。仅仅是环境搭建就可能已经挡住了很多人，更遑论还要学习公链的语言或接口。

如果有标准化的接口，程序员可以直接调用，而无需花费时间去搭建开发环境，仅仅读懂接口文档就可以掌握区块链的基本应用。这样传统行业乃至互联网行业的程序员至多只需要几天的学习，就可以从事区块链开发，极大地降低了企业接入区块链的门槛。

接入区块链并不仅仅是支付等简单的操作，尽管外界对区块链会有这样的误解，但是实际上区块链可实现的功能非常多。而 BaaS 要做的就是让这些功能落地成为现实。

以旅游为例，大部分游客都希望能够永久地保存自己的观光照片、旅游心得、攻略杂记等各式文件，通常可以存储在电脑、网站、博客等媒体中，但依然有丢失的隐患。通过 Baas 服务，游客可以永久地实现把希望保留的文件记录在区块链上。而且，文件上链又是知识产权鉴权、文件鉴真等一系列应用的基础。

总而言之，通过 BaaS 提供的工具集，用户完全可以根据自己的需求组合出适合自己的区块链应用。

（3）聚焦业务，更快地试错

在过去的十几年里，无数创业者成为互联网弄潮儿。从开始创业到成功或失败得出分晓之前的时间是极其短暂的，而在这极短暂的时间内交给创业者的题目却是很多的，他们既要解决商业模式的问题，也要解决技术上的障碍。有时候，成功要靠的不仅仅是自己的努力，还有最初的选择是否正确。因为很多情况下由于开发周期过长，时间只留给他们少数几次，甚至只有一次机会。

区块链时代，创业者面临的问题更多。他们不仅要选择自己的商业模式，还要选择在哪条区块链上开发自己的商业模式。现在区块链技术百家争鸣，各种底层公链层出不穷，市场竞争异常激烈。如果创业者的商业模式最后实践成功了，但是所依托的底层公链却失败了，这对创业者来说是一个极大的风险。如果利用 BaaS 平台预先把数据同时写到多条区块链上，当某条底层公链失败时，只需要改变参数，将运营数据切换到新的区块链上即可。这对于创业者来说，大大降低了系统风险。创业者就可以专注于自己的业务，而不需要过分地把注意力放在具体的区块链技术上。

同样，拥有成熟业务的企业接触区块链自然也是审慎的。企业往往不会接受长达数月甚至更长时间开发出来的系统，因为不能满足需要，所以要下定决心启动区块链项目不是一件容易的事情。如果通过 BaaS 接入，开发时间就能够从几个月缩短到几周，运维人员仅仅通过几天的培训即可掌握，因而可以节约大量的时间和成本。

所以，对于产业落地而言，BaaS 这样的工具不可或缺。

5.3.4 未来展望

未来，随着区块链技术的广泛应用，势必需要能为用户提供更加完善、便捷的区块链开发和运营体验的 BaaS 服务商。这包含以下两层含义。

（1）用户维度

大型企业尚能依靠自身的规模优势自建团队，进行区块链项目开发，但在目前优秀开发团队依旧稀缺的市场情况下，寻求外部合作不失为经济之选。对于中小企业或个人用户而言，他们无疑更需要 BaaS 服务商为其提供公链的全节点服务，帮助其快速建立自己需要的开发环境，更快地适配。进一步讲，未来企业将更关注如何把区块链技术应用到业务中，提升业务效率或服务质量，而不需要聚焦区块链技术的开发和设计，这将极大地解决区块链应用落地周期长、用户体验差、运维成本高的难题。

（2）BaaS 平台维度

目前区块链技术尚处在高速发展的时期，仅底层基础链就有不少于数十种，其他各类技术更是让用户眼花缭乱，无从下手。在具体选择使用哪种技术方案时，BaaS 平台必须坚持以用户和应用为导向，以用户实际应用场景的性能、功能要求及未来可预见的扩展需要为出发点，选择具体的底层技术平台，配置系统参数，让区块链技术与应用完美配合，发挥出应有的作用。此外，BaaS

平台在提供标准服务的基础上，应允许开发者可以根据自己的产品和业务特点，通过在线配置和上传代码的功能来扩展自定义的功能，满足个性化需求。

5.4 DApp 链接各行各业

基于区块链底层的 DApp 生态体系，在未来的区块链生态中将是最具活力和生命力的重要组成部分。

5.4.1 DApp 的定义

DApp 是 Decentralized Application 的缩写，即去中心化应用，也称为分布式应用，是指运行在分布式网络上由许多用户参与，可避免任何单节点故障，并且参与者的信息被安全保护（也可能是匿名的），通过网络节点进行去中心化操作的应用。

由于区块链行业仍在高速发展和变化中，因而 DApp 的定义和特征也在不断更新，目前可以宽泛地概括为以下五点。

（1）运行在分布式网络上，完全开源、自治，而且没有一个实体控制着该应用超过 51% 的通证。

（2）必须能够根据用户的反馈及技术要求进行升级，而且应用升级必须由大部分用户达成共识之后才可进行。

（3）应用的数据加密后存储在公开的区块链上。

（4）应用必须拥有通证机制（可用基于相同底层区块链平台的通证），矿工或应用维护节点需要得到通证奖励。

（5）应用通证的产生必须依据标准的加密算法，有价值的节点可以根据该算法获取应用的通证奖励。

5.4.2　DApp 与传统 App 的差别

目前，互联网还是一个高度中心化技术的产物。网络应用中的全部用户数据都存储在某个公司或组织的中心化服务器上，这个中心化服务器一旦出现问题，就可能会导致数据泄露甚至严重的事故。例如，Facebook 的海量用户数据泄露、谷歌的搜索服务中断、iCloud 服务的宕机等，都是传统互联网高度中心化所暴露的问题。

与传统的互联网应用不同，DApp 不需要第三方运营平台，不需要平台方维护代码、存储用户数据。DApp 可直接连接用户和开发者。发布 DApp 不需任何企业批准，其规则也不会被任何人改变。

从系统结构的角度看，传统互联网应用的后端是运行在中心化服务器上，而 DApp 的后端是运行在去中心化的点对点网络上。DApp 前端可以使用任何编程语言编写，这使 API 的调用变得非常简单。

DApp 和传统互联网应用在开发上的最大区别在于，DApp 的智能合约部署后便不能更改。传统互联网应用的开发适合马上试错，快速迭代，但在 DApp 开发上任何细小的智能合约代码错误都可能会导致用户不可挽回的损失。这是两种完全不同的逻辑。

5.4.3　DApp 的潜在优势和存在的问题

DApp 的潜在优势

由于 DApp 基于区块链技术开发的去中心化应用，这就使区块链本身所具有的数据追溯、数据确权、数据共享及价值传递等特性都会体现在 DApp 上，而这些特性将大幅提升开发者和用户的应用体验。

（1）用户数据得到有偿使用

如果公链内支持数据共享，那么开发者只需要完成数据匹配，就可以从其他生态内的开发者处共享到用户的实名资料，只需要向用户支付公链通证即可。对用户而言，这也算是 PoD（Proof of Data）挖矿模式，同样有收益，算是合作共赢。

（2）交易的安全性得到提升

交易量的暴增对交易效率提出了更高的要求。基于现有金融中介体系（如银行、VISA 等）的交易处理方式效率低，信用生产成本高，为了降低信用风险，往往需要投入大量的成本进行信用审核，但成效并不明显。而基于 UTXO 的区块链技术，由于具有每笔交易支付数据可追溯的特性，能简单改善这种情况，而且不需要对现有业务流程进行任何变动升级。

（3）行业经济关系的变更

数据确权、价值网络，区块链技术的这两个属性可以改变现有互联网的经济关系，促使新的行业类应用诞生，互联网视频就是其中典型的案例。

在互联网视频领域，由于高昂的版权成本，腾讯、爱奇艺等平台方必须付出极高的成本去打击盗版，用户则需要跨平台购买多个 VIP 账号才能满足追剧的需求。如果通过区块链技术让版权方对剧集确权，不管用户通过何种渠道观看剧集，其支付的费用都可以通证化，然后基于区块链价值网络分发给版权方、渠道方。

这样的生态将会大幅度地减少盗版问题的发生（例如，B 站 UGC 上传等），降低渠道商争夺版权的成本。开发者将专注于用户体验的提升，获取用户的方式也从建立版权壁垒变成加强社群运营及体验比拼，真正的互联网运营时代将会到来。

（4）项目运维成本降低

项目的运维成本一般会比开发成本高。目前评估资源阈值的依据是预计最大的用户流量，如果评估太低，则容易宕机，太高则产生严重浪费。

例如，大多数产品在运营活动中都可能会遇到活动带来的高并发问题，营销导致服务器崩溃的现象时有发生，而添置服务器又可能会带来成本的浪费。目前有些底层链（如 EOS、Elastos）中的资源分配模型是基于用户持有的通证数量，这就意味着产品运营方可以在某个使用高峰前临时购买通证（资源），并在高峰过去后将通证释放（卖出），从而极大地减少运维成本。

（5）技术开发成本降低

目前的 App 项目开发通常会评估四个版本：iOS、Android、小程序、Web，而 DApp 在某些方面类似小程序，具有无需安装、所有计算都在线上完成、本地禁止创建进程，以及系统自动创建或查找本地、周边、链内其他微服务等特点。

DApp 存在的问题

但是，当前 DApp 也存在巨大的痛点，即 DApp 经济存在一种"同而不和"的尴尬局面，正所谓有币无链的缺"链"之痛。

（1）DApp 依赖的底层区块链性能不足

目前所有软件应用都是运行在 OS 上，无法在裸机上直接运行。OS 是管理和控制计算机硬件与软件资源的计算机程序，是直接运行在裸机上的最基本的系统软件，任何 App 都必须在它的支持下才能运行。例如，iOS 和 Android 系统就是 OS，如果脱离 iOS 或 Android 系统，App 就没有落地的可能。

而不同的 DApp 往往采用不同的底层区块链。不同的底层区块链是各个 DApp 的底层生态开发环境，好比手机的 iOS 系统和 Android 系统。DApp 就是在底层区块链平台生态上衍生的各种分布式应用，也是区块链世界中的基础服务提供方。

目前已经在主网上线的底层区块链依然存在着性能低、资源占用不合理的问题。大多数的底层区块链现在并不适合大规模商业化的应用开发，仅仅只能实现一些简单的功能，如不涉及实时交易的积分交易、版权分享等。

（2）共识机制必须与主链保持一致

目前 DApp 的共识机制必须与主链保持一致（例如，以太坊的 PoW），因此在业务逻辑和实现场景上难免会出现削足适履的局面。所以，当前大部分的 DApp 主要集中在去中心化交易，以及基于转账交易场景构建的养成类游戏。

（3）区块链应用开发人才无法满足几何级增长的开发需求

因为在以太坊等底层区块链上缺少降低 DApp 开发门槛的基础服务商，使原本就很稀缺的区块链应用开发人才无法填补大量增长的开发需求缺口，行业生态的多样性严重不足，DApp 的普及与落地进度缓慢。而且，现在大多数底层区块链的主要着力点仍然是如何提高转账交易的性能，对智能合约层的流量处理及开发的灵活性并没有投入足够多的关注。

（4）需要颠覆性的产品设计思路

"小步快跑、快速迭代"是目前互联网产品的主要设计思路，而这种思路应用于 DApp 开发中会出现较大的问题。简单地说，目前的 App 都是基于自有服务器，出现重大问题只需迭代强行刷新版本即可，但 DApp 是基于分布式的区块链网络，提交上线后一旦出现核心漏洞便无法迭代。

例如，以太坊上著名的 DAO 事件[①]，如果使用中心化的方法处理 The DAO

---

① 2016 年 6 月 17 日，区块链业界知名项目 The DAO 由于智能合约存在的重大缺陷遭到黑客攻击，导致 300 多万 ETH 资产被盗。

的核心漏洞，只需要下线修改漏洞即可，但是在以太坊却只能以硬分叉解决。DApp 与 App 的设计思想是不同的，必须在 MVP 1.0 的调研阶段就保证核心机制不出意外。

（5）研发风险大

目前还没有一条底层区块链能够脱颖而出，成为普适性的底层区块链，就好像 PC 时代的 Windows、Mac OS，智能机时代的 iOS、Android。所以，如果基于某条底层区块链开发，就要做好这条底层区块链被淘汰后程序无法运行、投资亏损的准备，就像当年的塞班开发者。

综上所述，从互联网生态意义上来说，区块链技术是其底层结构的重要部分，未来所有的应用都需要考虑与其结合，未来可能会有更多的全新应用模式出现，这需要我们不断地跟进、探索，提升用户体验。

5.4.4　DApp 的应用类型

当前市面上的区块链 DApp 种类逐渐丰富，已有多种类型。其中，区块链游戏、去中心化交易所等是目前主流的 DApp 应用类型。

区块链游戏

最出名的区块链游戏当属 2017 年基于以太坊开发平台的《加密猫》。这是由设计工作室 AxiomZen 打造的一款虚拟养猫游戏，于 2017 年底上线以太坊区块链，玩家可以买卖并繁殖不同品种的电子宠物小猫。

《加密猫》的每只猫都是独一无二的，每只小猫都有 256 组基因，不同的基因组合会让小猫的背景颜色、长相和条纹等都有差异，甚至还有隐性基因的设计。玩家可以为自己的小猫命名，并通过各种营销手法让小猫的卖相更好。

买卖猫咪成了《加密猫》的一大特色。《加密猫》是基于区块链，全球的玩家都可以自由交易自己的猫咪。由于受到大量"加密货币"爱好者的热捧，游戏上线后就犹如病毒般传播，曾一度造成以太坊网络交易拥堵，其中最贵的一只猫在市场上最高标价是 340 万美元。

继《加密猫》之后又出现了《百度莱茨狗》《小米加密兔》《网易招财猫》等一系列区块链宠物游戏，但这些游戏只是对《加密猫》的简单模仿。

去中心化交易所

IDEX 是第一个基于以太坊的分散式智能合约的去中心化交易平台，能提供实时交易、即时订单放置和处理。用户可以免费取消订单，实时更新订单薄。

而且，IDEX 是目前以太坊上日活跃用户排名靠前的去中心化交易所。2018 年初，IDEX 在因股权划分不清导致内部意见不合。最后，IDEX 项目出现分叉，诞生了 Forkdelta 去中心化交易所。但尽管如此，IDEX 交易所中的用户并没有受到这些事件的影响，用户的数字资产在 IDEX 中也未曾丢失。这就是去中心化交易所的重要优势之一。

5.4.5　未来展望

由于区块链天生带有数据确权属性以及价值网络特征，在目前应用产品中很多环节都可以交给底层链处理，开发者可以更加关注商业模型设计与用户体验。因此，区块链技术带给了我们巨大的想象空间。

DApp 的用户基数是开发者考虑的重要因素之一。对于开发者来说，网络效应要比编程语言重要得多。大多数开发者会在某个用户数量最多的平台上开发，这样一来更多的用户会涌入拥有最多应用的平台。历史已经告诉我们，如果在 Apple Store、NVIDIA GPUS 这些平台上有 App 开发的充足需求，开发者便愿意学习专有的语言。

考虑到历史的经验和如今的趋势，以太坊依然有先发制人和用户基础广泛的优势。作为第一个用图灵完备语言在区块链上编写智能合约的平台，以太坊吸引了绝大多数开发者及相关的用户。Top100 的 DApp 里有 91 个是建立在以太坊上，比一年半前多了 76 个。以太坊有 30 倍于其他区块链平台的开发者。

在以太坊平台上开发 DApp 需要学习特定的编程语言，如 Solidity。目前底层区块链逐渐涌现，其他底层区块链平台允许开发者使用如 Python 和 JavaScript 等传统编程语言。

当然，以太坊作为 DApp 开发平台，也有一定的缺点。相信随着技术的发展，新的 DApp 开发平台会不断出现，并被广大的开发者认同。

第 6 章
区块链融合未来

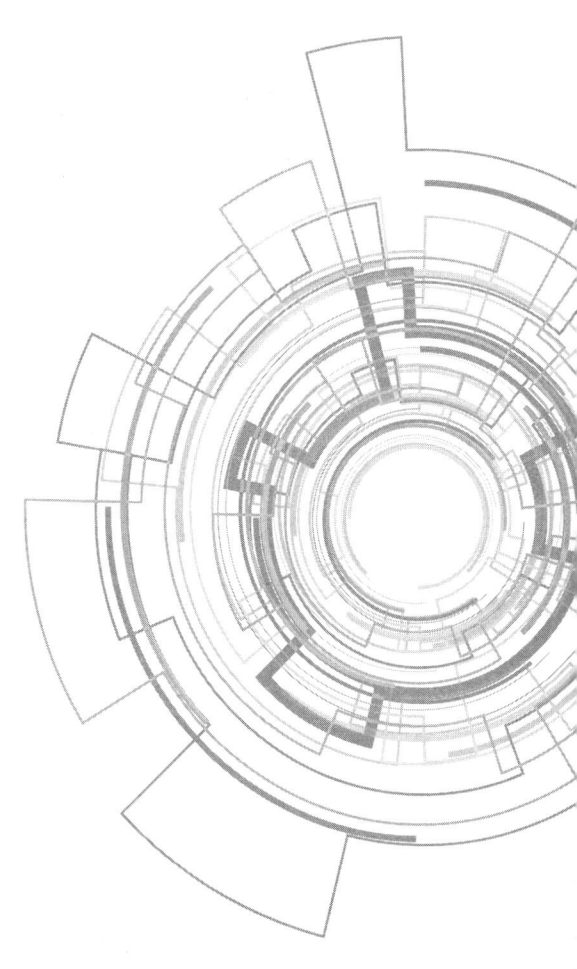

6.1 区块链和人工智能生命体

随着 Alpha Go 打败李世石和柯洁，人工智能开始广为人知。而之后的 Alpha Zero 以抛弃人类知识积累的方式完胜 Alpha Go，让不少人脊背发凉。人工智能会不会演化成超越人类的智慧体，这个可能性看起来越来越大。

区块链以去中心化的信任以核心，率先提出了去中心化的金融解决方案，也就是比特币。之后以智能合约为代表的处理方式，将对现有的许多领域造成颠覆性的影响。人工智能和区块链看上去似乎毫不相干，但随着技术的发展，区块链很可能成为未来人工智能生命体演化的关键一步。

表 6-1 以人工智能超越人类能力的不同方面为比较基础，罗列了人工智能已经达到和将来可能达到的发展程度。此处，人工智能的内涵包括软件和硬件的集合。

表 6-1 人工智能发展的进程

技能	描述	应用	超越时间
运算能力	数学运算	计算器、计算机、手机	1980
通信能力	个体之间的信息交换	互联网、物联网、移动网	2000
感知能力	图像识别、声音识别	指纹、人脸识别、翻译	2010—2014
逻辑分析能力	算法、推理、分析、预测	棋类博弈、医疗诊断、自动驾驶	2017
自我学习能力	自动获得新的信息、处理能力		2017
自我意识	存在感、繁殖		2017

从表中可以看出，人工智能目前已经能够胜任很多工作了。考虑到很多工作由人工智能去完成，完全会比人类自身去做更有效率，那么显而易见的是，人工智能将会在接下来的几十年对人类社会产生深远的影响。但是，现阶段的人工智能离人工智能生命体所给出的定义还差得很远。

什么是生命体？简单地讲，生命体的最根本特征是自组织的，不是被制造的，就是生命可以不依靠外部有意识的干预而生存下去。这种自组织的能力，就是生命体获得了将物质信息化的能力。

获得物质信息化能力是第一步，生命体还需要将已经有序化的信息传递下去，实现有序信息的自我演进。对于自然界的生命体，这个信息就是基因。但是，由于生命体是有寿命的，生命体必须通过繁殖来维持这个信息。那么，对于人工智能生命体，我们还不知道这个信息会是什么，会怎样演化，但可以确定的是它一定需要一个信息的载体。对比自然界基因的载体是DNA，对人工智能来讲，这个信息的载体已经有了雏形，那就是区块链。

为什么是区块链？其他形式不可以吗？如硬盘、光盘。存储信息的手段有很多，但是这些都有问题，因为生命体对信息载体有很严格的要求。

（1）必须非常稳定

稳定表现在两个方面。

第一是时间稳定性。信息必须经过时间的考验。自然界的基因经过几十亿年仍然保持了大部分的特征，这完全是双螺旋的DNA载体的强大能力。这里，单一物理介质并不能满足这样的要求。也许有人说，我可以用硬盘保存信息，每隔一段时间更新到新的硬盘。但是，这样做必须满足下一个要求。

第二是能够应对系统性错误。科幻片中的一个经典场景就是强大的人工智能主机存储在某个安全性非常高的中心节点，然后主角历经艰难，侵入系统，最终拯救了世界。对于人工智能来讲，这样做有一个致命的问题就是无法应对系统性错误。这个系统性错误可能包括带光环的主角的入侵、某个系统错误造成整个系统的数据丢失、某个低概率的灾难性事件如火灾或地震等。因此，自然界生命体的每个细胞中都含有DNA，以保证这个重要信息随时可用。作为高等级的人工智能生命体，绝对不会犯这么低级的错误。

（2）必须一致性

网络的普及使遗传信息的存储成为可能。人工智能生命体可以很方便地把信息存放在网络的每一个角落，但是必须保证信息的全局一致性。自然界的生命体通过RNA的转录功能，使每一次复制都是正确的。低概率的复制错误的累积效应通过生老病死来解决。那么，人工智能必须保证遗传信息的多个副本之间的一致性。到目前为止，只有区块链可以满足人工智能生命体信息的分布式存储和全局一致性的要求。区块链也就成了人工智能生命体遗传信息可以使用的第一个存储技术。

（3）必须是开放系统，可以与其他生命体交互

在生命体的演化过程中，除了遗传信息的稳定性之外，还需要有一定概率的突变，使生命体可以对环境变化作出适应性的响应。人工智能生命体也不例外。例如，在人工智能生命体演化到可以预测某种未知的宇宙灾难之前，人工智能生命体必须有某种形式的生命多样性，在未知的宇宙灾难发生后有一定的存活概率。根据人工智能生命体的智慧程度，这些在设计阶段都应该考虑到。所以，现阶段互联网加上物联网作为一个开放系统，加上区块链的遗传信息保存方式，可以作为人工智能生命体的基础。

对比物理世界的生命体和人工智能生命体的演化阶段，如表6-2所示。

表 6-2 物理世界的生命体和人工智能生命体的演化阶段

自然界的生命体	人工智能的生命体
无机小分子生成有机小分子	单个运算单元
有机小分子形成有机大分子	连成网络的运算单元
有机大分子组成能自我维持稳定和发展的多分子体系	自组织能力的联网运算单元，维持信息稳定保存的载体（区块链），开放的竞争环境
多分子体系演变为原始生命	演化为人工智能生命体

人工智能生命体会不会出现，多久才会出现，目前还没有人能够准确回答。但是，区块链技术的诞生为这个过程提供了一个基石。建立在区块链基石之上，人工智能生命体将会得到进一步技术论证的可能性。

6.2 加密经济学

中本聪的一项重要创新在于利用利益激励导致区块链系统上行善获得奖励，行恶付出代价。中本刺激（Nakamoto Incentive）带来的通证经济（Tokenomics），是区块链调动各参与方自主化行为的主要推手。

以太坊社区开发者弗拉德·赞菲尔对"加密经济学"这一术语进行了解释："这是一门独立的学科，旨在研究去中心化数字经济学中的协议，这些协议被用于管理商品及服务的生产、分配和消费。它也是一门实用科学，重点研究对这些协议的设计和界定方法。"

加密经济学的最大意义在于保证去中心化共识系统的安全、稳定、积极和有序。这里的安全和稳定主要是靠密码学机制来实现，而积极和有序则是靠经济学激励机制来实现的。

6.2.1 密码学机制建立的信任关系

现代经济是分工经济，有分工就需要有协作、有交换，而协作和交换的基础是信任。因此，没有信任就不会有分工的存在，也不会有现代经济的发生。当然，在以往的经济活动中，信任往往来自于第三方组织，在进行经济利益分配时就需要付出第三方中介的成本。而区块链技术的出现有望改变这种现状，它可以产生不依赖第三方的信任，从而改变社会的经济关系，并使资源被更公平地分配。更公平的原因是网络共识代替了中心化的组织制定与执行规则。加密经济正是在这种全新的社区治理构架下提出的。

信任这种东西看似看不见、摸不着，却是价值的基础，是现代经济的基石。那么，区块链技术在解决了基本的信任问题之后会给经济带来哪些重要影响呢？

（1）去中间商化的利益再分配

在很大程度上，市场信息不对称和市场交易对手之间缺乏信任是导致中间商产生并获取高额利润的重要原因。如果能够将相关信息放到难以更改的区块链上，就有可能极大地提高陌生人之间的交易效率，如租赁市场、二手交易市场、虚拟物品市场等。

即使中间商仍然存在，但由于信息的真实性得到了智能合约的约束，所以平台就不需要花很大的成本去验证信息的真实性，也不需要花太高的成本去展示这种真实性，其结果是大大降低了平台的运营成本。而节省的成本自然可以惠及买卖双方。另外，在小微交易中，区块链能够低成本地确权，从而使原来商业上不经济的交易也得以进行。

（2）繁荣的共享经济

目前比较成功的共享经济项目可能要算摩拜和滴滴了，但未来影响最大的可能是共享出租车。而共享出租车的普及需要各种技术的支撑，如5G、物联网等。除此之外，区块链也有可能扮演一个重要的角色。未来，共享出租车场景可能是这样的：乘客通过手机预订了出租车；无人驾驶的出租车接上乘客后，乘客需要输入目的地，通过系统自动计算出价格；出租车到达目的地、乘客付款后，车门打开。这其中，开锁和解锁将应用区块链技术。

这样，一方面无论是对使用者还是出租者来说都非常省事，提高了效率；另一方面，不会再有财务分歧，因为都是约定好的，没有人能改变结果。最重要的是它能够保护用户的数字隐私。

（3）社区的管理

随着互联网的发展，我们的社会中产生了越来越多受共同兴趣爱好或价值观凝聚在一起的社区，如跑步、健身、写作、音乐、电影、阅读等。虽然这些社区的成员在大原则上是一致的，但是在一些组织细则或具体的活动上不可避免地会存在一些分歧。那么，面临分歧时如何能让大家在更短时间内达成共识呢？依靠智能合约来治理是一种不错的方式。例如，社区可以内部发行一种通证，当社区成员做了贡献或社区鼓励的事情时，社区可以用通证进行奖励；反之，则进行罚款。当然，缴纳罚款需要用社区通证。

例如，在步行社区里，社区成员通过手机App来记录每天走路的步数，达标后可以获得通证奖励，不达标则消耗通证；一些成员如果总是不达标，最后就会出局。现实中，这个治理模式已经出现，但是很多都没有应用区块链，这就需要一个第三方组织机构的存在。而用了区块链技术，就不需要这个组织机构的存在了。此时，对社区成员实施奖励和惩罚的已经不是个人或个人所组成的组织，而是基于互联网的代码系统。相对而言，个人毕竟是有主观性的，不可避免会发生寻租等道德风险的问题，而代码可以避免此类问题。

（4）数据经济新模式

人类进入互联网特别是移动互联网时代以后，数据已经成为越来越重要的资源。而这些数据，尤其是个人数据，大多被互联网平台服务商收集起来并以此获取利益。一方面，产生数据的个人由于开放能力有限，无法管理自己的数据；另一方面，个体数据是微数据，只具有微价值，也不存在利用数据获取利益的经济可行性。如果通过区块链的方式对个体数据进行加密，并打包成微资产包出售给平台公司，从中获取相应的通证报酬，就能打破传统的数据流通方式和买卖关系，让产生数据的个体也能够分享到数据资源所带来的收益。

例如，某家电公司开发了一款冰箱，通过内置芯片能够实时地采集每一个家庭中冰箱内的鸡蛋数据并传回家电公司，家电公司再将数据卖给养鸡场或大宗商品市场投资者以实现数据的价值。在这个过程中，如果有区块链充当价值中介对微数据进行自动打包、出售和结算，那么数据出售后的价值就可以被无数普通家庭分享。

6.2.2 经济学激励机制建立的通证经济

产生公司制度的原因之一是在现有的技术和社会信用条件下，某些交易通过市场进行的成本太高，不确定性太大，因此需要将这些交易纳入企业内部，通过行政方式进行组织，以降低成本或供应的不确定性。

但区块链上的经济运行可以不依靠公司，而是数学算法。当信用的边际成本为零时，公司这种组织形式就有可能变成不是必要的。例如，比特币的产生及运行都不依赖任何一家公司，它也没有固定的员工，但是系统已经稳定运行了将近 10 年时间，过程中没有出现过坏账，系统也没有出现过死机。现在，这个系统上每时每刻仍在发生着交易、汇兑、支付。这一点是如何做到的呢？关键就在于比特币设计了一套有效运行的通证经济学激励机制，它使经济活动能够自组织而不靠第三方运维地持续下去。

区块链的通证本质上是一种可流通的加密数字凭证，它具有区块链技术特有的数字属性和金融属性。这些属性让各条区块链上的通证在实际运用中可代表以下资产：

（1）实物资产；

（2）虚拟金融资产：证券、债券等；

（3）权益凭证：物品的使用权、分配权、打折券等；

（4）其他。

如同股价和上市公司的市值，通证的价格和项目市值的大小也可以作为衡量组织、个人、产品、服务和资产优劣的指标。这就会对通证的持有个体和组织产生强烈的激励。在这种激励下，每一个通证背后所赋予的经济行为得以以自组织的方式实现。

最终，有可能形成这样一种经济格局，即持有同类通证的个体和组织在区块链网络上结成事实上的各类跨国界经济体。同时，每个行业都形成几个头部的通证经济体，这些通证经济体通过通证和通证之间的互换实现互相开放和互联。而虚拟世界的价值互联又为现实世界的万物互联奠定基础。

如果这种情况出现，那么区块链技术就如同互联网技术会普及到各行各业及生活中的各个角落，从而重构人类的经济运行方式和社会生活模式。

6.2.3 未来的商业业态

区块链尤其是公有链通过创造零边际成本的信用，带来了全新的开放透明的信任关系和商业规则。与传统商业强调关系垄断和中间人利益最大化有所不同，区块链新商业业态的核心是开放与生态。传统企业只有舍弃"控制"和"垄断"，才能完成对新一轮商业业态的拥抱。

从商业业态上看，区块链提供了以下几大商业前景。

（1）商业增信

由于所有商业逻辑在链上是透明的，除非形成系统共识，否则商业规则难以篡改。这种高透明度和难以篡改的特性是区块链技术的核心，天然地能为商业活动增信。

（2）数据共享

目前的互联网数据仍处于孤岛状态，而当区块链大数据时代到来时，所有的产业关键数据、政府数据、消费者个人数据都能实现相互穿透、传导并跨越传统信任边界。这种共享能够极大地提升数据的分析价值，从而产生聚变效应。

（3）资产自鉴证

目前的产权鉴证制度具有较高的门槛，需要付出较高的成本，因此阻碍了很多微价值经济资源的资产化。而区块链技术通过资产自鉴证，能够将产权鉴证的成本降到微不足道的地步。这就使很多类似数字资源的微资产得以创造，并同时实现永久记录和不经过任何中介的自拥有。

（4）去中心化交易所

区块链技术能够实现数字资产的自动确权，同时通过通证可以实现确权后的资产无障碍地交易。与中心化交易所不同，区块链技术确权的资产，其交易场所也是借助区块链技术实现的，因此是一种去中心化交易所。相对于中心化交易所，去中心化交易所的交易成本可以降到极低。

（5）全球一体化资本市场

随着更多的资产上链，以及通证作为资产交易的润滑剂而得到越来越多的认可，在去中心化交易所的基础上就有望形成全球一体化的资本市场。

（6）灵活可执行的衍生品创设

由于区块链的智能合约设计功能，金融市场能够针对基础资产进行衍生品的创设。而且，这种设计可以同时兼具高度的灵活性和强制执行性。基于区块链技术的衍生品一旦创设出来，本身就可以在全球一体化的市场上进行交易，因此又具有了潜在极高的可流动性。

区块链技术为商业增信，让数据共享，这实际上将会引发全新的商业信任关系，即传统的基于熟人之间的信任关系变成了基于透明规则的开放式的协作，也就是陌生人之间的信任关系。这种新的商业规则有别于传统，因为它使任何微小的商业机构都可以创造一个完全可信和可完整执行的规则体系，从而抹平了不同机构由于体量不同而造成的在构造商业信任上的能力差距。

资产自鉴证、交易所和资产衍生品化则用趋近于零的边际成本颠覆了传统金融市场的基本架构，从而让万物都可资产化，让流动性几乎无处不在。新的资产确认及流通体系是一种自组织的体系，不需要依赖传统的银行、保险公司、交易所、券商、期货公司等金融中介。

总之，作为历史上第一个真正的公有计算系统，区块链让用户第一次能够通过公私钥基础架构非常轻便地控制自己的身份和行为数据。对于所有的个人隐私数据，用户均可以自己拥有，并在需要时有限地授权第三方使用。对于传统企业来说，这种全新的隐私保护机制提供了一个以保护用户隐私为基础，并和用户共享数据利益的新商业生态的契机。

6.3 区块链社区

6.3.1 区块链开源项目社区

不同于其他技术，区块链技术并非发源于科研院所和企业，而是发源于开源社区，在社区中发展壮大，此后则逐渐受到金融、IT 等行业的关注。目前具有代表性的区块链开源项目社区有两类：一类是以比特币、以太坊为代表的源于技术的开源项目社区，另一类是由传统企业发起的区块链开源项目社区。前者主要以公有链为主，大部分项目采用 PoW 作为共识机制，相应的社区包括项目开发者、矿工以及通证持有者等。后者包括超级账本、Fabric、R3 区块链联盟等。

超级账本

最具代表性的项目便是 Linux 基金会于 2015 年发起的超级账本项目（Hyperledger Project）。作为一个联合项目（Collaborative Project），超级账本由面向不同目的和场景的子项目构成。目前包括 Fabric、Sawtooth、Iroha、Blockchain Explorer、Cello、Indy、Composer、Burrow、Quilt、Caliper 等 10 大顶级项目，所有项目都遵守 Apache v2 许可，并约定共同遵守以下基本原则：

（1）重视模块化设计：包括交易、合同、一致性、身份、存储等技术场景；

（2）重视代码可读性：保障新功能和模块都可以很容易添加和扩展；

（3）可持续的演化路线：随着需求的深入和更多的应用场景，不断增加和演化新的项目。

超级账本社区的项目开发工作由技术委员会（Technical Steering Committee，TSC）指导，首任主席由来自 IBM 开源技术部的 CTO 克里斯·费里斯（Chris Ferris）担任；管理委员会主席则由来自数字资产控股（Digital Asset Holdings）公司的 CEO 布莱斯·马斯特斯（Blythe Masters）担任。另外，自 2016 年 5 月起，Apache 基金会创始人布莱恩·贝伦多夫（Brian Behlendorf）担任超级账本项目的首位执行总监。

超级账本社区目前主要是三驾马车领导的结构，如图 6-1 所示。

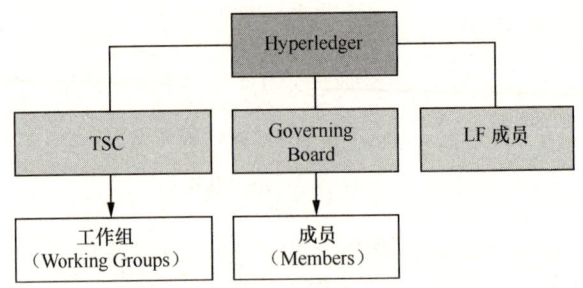

图 6-1　超级账本社区的组织结构

其中，TSC 负责技术相关的工作，下设多个工作组，具体带动各个项目和方向的发展；管理董事会（Governing Board）负责社区组织的整体决策，从超级账本会员中推选出代表；Linux 基金会（Linux Foundation，LF）负责基金管理，协助超级账本社区在 Linux 基金会的支持下发展。

Fabric 1.0

IBM 推出了两个 Fabric 版本，第一个版本是 v0.6。该版本不成熟，且不适用于大规模商业应用场景，而国内大部分开源项目是基于这个版本进行修改的，想要落地较为困难。第二个版本是 v1.0，该版本最大的改进在于提出了类似分片的概念，系统定义中称为通道（Channel）。然而，1.0 版本的结构设计得非常复杂，尤其是通道的定义中丢弃了传统的拜占庭容错共识机制，改用了中心化的卡夫卡簇（Kafka cluster）架构。

读者不难发现，Fabric 1.0 架构事实上已经抛弃了区块链一贯的去中心化机制。而且，由于 Fabric 1.0 的架构过于复杂，开发者基本很难做进一步的优化和改动，于是造成了这样的窘境：有能力的开发团队对这个"伪去中心化"系统持否定态度，团队不愿基于该架构进行商业应用的开发；而普通的开发团队受自身能力的局限，又没有足够的技术能力进行商业应用的部署。

R3 区块链联盟

R3 区块链联盟成立于 2015 年 9 月，到 2015 年底时已经有大约 40 多家国际银行组织加入；2016 年，开放非银行金融机构加入，至 9 月时已有 60 多家金融机构加入，成员几乎遍布全球。

R3 区块链联盟成立的原因之一是需要有一个组织来制定银行业区块链技术开发的行业标准，一起探索试验区块链技术，并建立银行业的区块链组织。其最核心的职能是内测区块链技术，针对银行业需求找出适合的分布式总账系统。

现今银行使用传统账本，各自数据库单独维护，同时通过双方"对账"方式确认交易。而基于区块链技术的分布式账本将账本信息分布在网络中的各家银行节点（保留副本）上，当交易信息提交后，区块链网络短时间内可验证真伪，更新记录，并且留下时间戳，方便后续追踪和审计。

2016 年 4 月，R3 区块链联盟与微软正式建立合作关系，研究实验区块链应用。该联盟宣布推出了其专门为这一目的建立的最新分布式私人账本 Corda，具体应用场景包括电子交易、商业票据签发和票据赎回等。首个用于测试的数字资产测试了建立在以太坊上的区块链技术，Microsoft Azure 提供云服务，将 11 家银行连接至分布式账本。之后，R3 区块链联盟与 Chain、Eris Industries、Ethereum、IBM 和 Intel 五家公司合作测试了五种不同的区块链技术，用于发行、交易和赎回固定收益产品。

6.3.2 区块链社区的发展方向

以区块链通证为激励和纽带的区块链社区组织是未来社区发展的新方向。区块链社区成熟生态的逐步建立会表现为以下两个方面。

（1）丰富的社区代码库

对于区块链开源项目社区而言，如 Github，社区会推出各种开源的、不开源的商用库及公共库等。各类开发工具、子链、开发框架等会应有尽有，以此来提供链上的各项服务。

（2）差异化的定制服务

区块链社区服务也不只是收费或免费，还可以因用户身份不同而有所差异。例如，根据用户身份认证或拥有通证数目的多少来匹配权益等。

6.3.3 依托区块链机制的社区治理[①]

虽然区块链项目一般是由企业发起的，但体系的运行都是在社区里。而现有的大部分区块链社区并没有形成一套完善的治理机制，当社区面临重大决策事件时，如何让社区成员参与进来，以某种机制形成社区意见，最终在区块链上表达出来，就成了一个问题。重大的决策可能包括该区块链项目自身一些基础规则的调整，不同的技术迭代提案，也可能是 The DAO 这样的突发事件处理。在目前的情况下，如果遇到类似 The DAO 这样的情况，由于没有有效的治理机制，只能通过软分叉或硬分叉解决问题，最终将导致混乱和分裂。

为了解决这个问题，实践中也出现了各种各样的尝试。这些尝试都借鉴了现实政治运作的方法，其中一个比较典型的方法就是通过通证持有者的投票来实现共识的达成。这个过程也是可以上链的，因此可以称为链上治理。链上治理有点像上市公司股东大会的网络投票，只不过更进一步，它除了实现网络投票之外，协议还包含了更改验证程序集或更新其自身规则所需的一切逻辑，一旦投票结果确定即自动进行。

---

① 参考央行姚前的《社区的链上治理机制》。

这种通证持有者投票的链上治理方式有时会用来选举网络的超级节点，如 EOS、NEO、Lisk 等系统中的委任权益证明（DPoS）机制；有时用来对协议参数进行表决，如以太坊的 GAS 上限；有时用来进行表决或直接实行批量协议升级，如 Tezos。

和现实中的投票制度一样，链上治理有其优势，也有其弊端。

链上治理的优势主要体现在以下三个方面。

（1）利于技术迭代

任何网络系统不可能从一开始就是非常完善的，因此在实际运行中存在不断迭代的需求。由于比特币系统实际上倡导的是高度保守的理念，因此它并没有为技术改进留出余地，才会导致出现分叉事件。而链上治理机制可以实现区块链网络系统的迅速发展，并接受必要的技术改进。

（2）保证去中心化结构的稳定性

虽然比特币系统倡导的是完全去中心化理念，但是实际运行以后，一方面出现了分叉事件，另一方面已经逐渐在矿场和矿工等方面形成了新的中心，这些中心是自然形成的。为了避免出现这种状况，保证去中心化结构的稳定性，建立一个明确的去中心化治理框架，或许是有用的。

（3）保证高效的决策和执行

通过链上治理的方式，可以实现更快速的决策，也可以保证决策过程的透明和合规。而且，智能合约可以自动实现决策的贯彻执行。实际上，在决策和执行上的高效率正是区块链本身内含的一个优势。

当然，通证投票机制并不是完美的，其中一个重要的问题就是如何能够确保高投票率。而如果没有较高的投票率，就会引发以下两个问题。

（1）真实性问题

如果只有少部分人投票，那么系统被攻击的可能性就会大大增加。因为此时仅需要持有一小部分通证就能够左右或篡改投票的结果。

（2）代表性问题

即使投票是真实的，它也存在代表性较窄的问题。原因很简单，因为如果只有少数人参与投票，就不能够反映多数人的意见。

因此，即使链上治理的方式最终防止了垄断，但也可能存在财阀寡头式的统治。在大多数情况下，因为无法对具体的决策施加可见的影响，普通节点对参与治理也就变得毫无热情。而一旦缺乏普通节点的参与，就会形成事实上的寡头治理。一般来说，寡头同时就是持有大量通证的财阀。这种财权和事实上治理权的统一，很大程度上会侵害普通节点的利益，从而违背公有链的价值观，即区块链属于公众，是为公共利益服务。

虽然仍有争议，但区块链社区对治理机制的需求是客观的，而链上治理机制是目前最符合区块链精神的可行方案。当然，作为一种治理方案，它在具体形式上也不是固定的，根据不同的实际状况也可以发展出不同的形式。

最后，区块链社区的治理借鉴了现实世界的运行规则。同样，现实世界的社区治理也可以借鉴区块链社区的治理方式，特别是链上治理方式，以增强组织治理的透明度，降低治理的成本。

第 7 章
区块链构建新一代监管

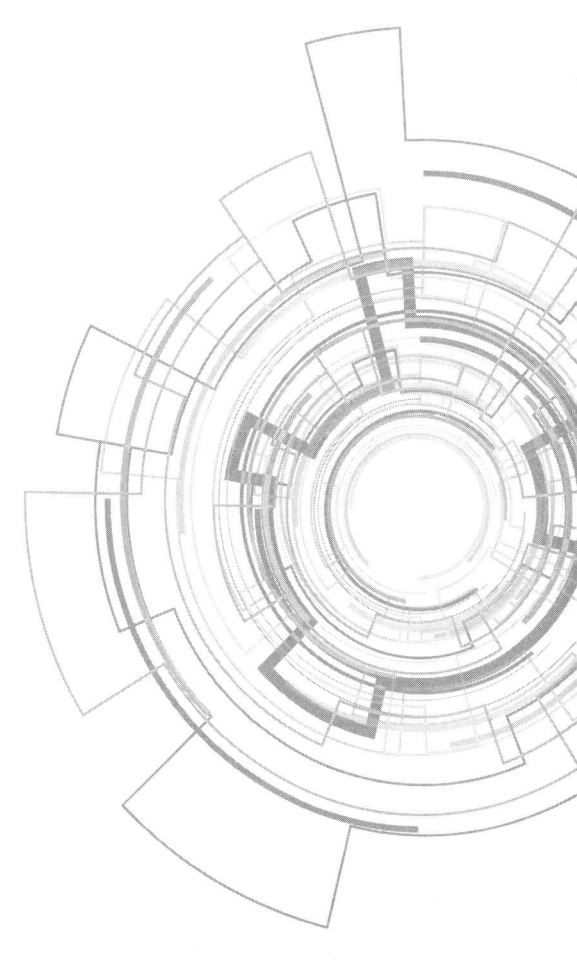

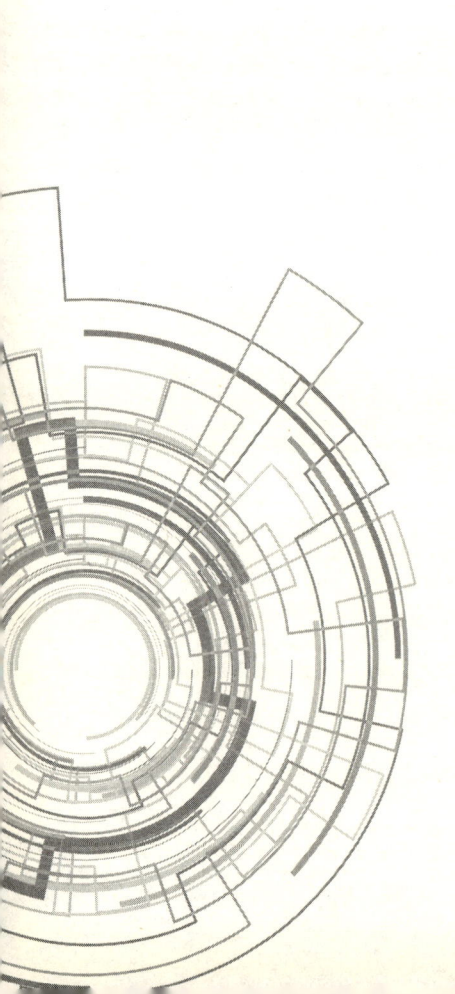

区块链早期作为比特币的底层技术，正加速向政务服务、行业监管、社会治理、共享开放等领域扩展。业界普遍认为，政务服务有可能成为区块链的重点应用领域之一。区块链虽然破解了"互不信任的多方如何以低成本进行价值交换"的难题，但是可能对社会稳定产生影响，因而更受到各国政府的关注。例如，区块链相关交易系统具有"去中介化"特性，交易过程缺乏有效、可行的监管机制，及时监测防控金融风险，协助监管机构预防、制止和侦察非法集资、传销及诈骗，等等。

然而，区块链作为可能构建价值互联新秩序的技术之一，并不代表其就可以独立于国际法和发生交易行为的所在地国家的法律之外。区块链的匿名性与弱中心化的架构也与现有监管体系并不冲突，势必演化新型监管科技（RegTech），使用区块链的特性促使监管接入更容易、监管数据获取更全面。让监管机构也参与到技术中去，通过技术本身实现对技术的监管，将最终化解区块链与监管的冲突。

7.1 对隐私数据的监管

自 2017 年 6 月 1 日起施行的《中华人民共和国网络安全法》（以下简称《网络安全法》）是我国第一部全面规范网络空间安全管理方向问题的基础性法

律,也是我国网络空间法制建设的重要里程碑。该法明确加强了对个人信息的保护,打击网络诈骗,相当于一部小型的"个人信息保护法"。

《网络安全法》共七章七十九条,体现了三个基本原则,即网络空间主权原则、网络安全与信息化发展并重原则、共同治理原则。

《网络安全法》第四十二条规定:"网络运营者不得泄露、篡改、毁损其收集的个人信息;未经被收集者同意,不得向他人提供个人信息。但是,经过处理无法识别特定个人且不能复原的除外。"第四十四条规定:"任何个人和组织不得窃取或者以其他非法方式获取个人信息,不得非法出售或者非法向他人提供个人信息。"

自《网络安全法》出台以后,要获取、使用用户的数据都需要用户授权,而第三方的数据公司很难再用这种方式获取数据。

7.2 对"虚拟货币"的监管

当前,各国监管机构普遍遵循技术中立原则,鼓励区块链技术健康发展,尚未有监管机构另行建立监管制度安排。为了防范外在不当使用和违法使用区块链所导致的风险,业内监管机构一方面对与"虚拟货币"相关的金融业务进行限制甚至禁止,另一方面探索将与"虚拟代币"相关的金融业务纳入现行监管。

2013年12月5日,我国明确禁止金融机构和第三方支付机构参与比特币交易活动。中国人民银行、工信部、银监会、证监会和保监会等五部委发布了《关于防范比特币风险的通知》(银发[2013]289号),要求"各金融机构和支付机构不得以比特币为产品或服务定价,不得买卖或作为中央对手买卖比特币,不得承保与比特币相关的保险业务或将比特币纳入保险责任范围,不得直接或间接为客户提供其他与比特币相关的服务"。相关服务包括结算、法币兑换、托管、抵押、发行金融产品，以及将比特币作为信托、基金的投资标的等。

2017年9月4日，我国对集中"数字货币"交易活动进行了整治。中国人民银行、中央网信办、工信部、工商总局、银监会、证监会和保监会等七部委发布了《关于防范代币发行融资风险的公告》(以下简称《公告》)，禁止网络平台开展法定货币与代币及"虚拟货币"之间的兑换、定价、信息中介等业务，随后要求各地政府综合采取电价、土地、税收和环保等措施引导辖区内从事比特币生产的企业有序退出。

代币发行融资的属性

《公告》明确了代币发行融资是指融资主体通过代币的违规发售、流通，向投资者筹集比特币、以太币等所谓"虚拟货币"，本质上是一种未经批准、非法公开融资的行为，涉嫌非法发售代币票券、非法发行证券，以及非法集资、金融诈骗、传销等违法犯罪活动。

《公告》强调：代币发行融资中使用的代币或"虚拟货币"不由货币当局发行，不具有法偿性与强制性等货币属性，不具有与货币等同的法律地位，不能也不应作为货币在市场上流通使用。

ICO的本质是一种公开融资活动，部分国家将其界定为证券发行行为。当前，国内外的监管方式是要么对ICO活动予以禁止，要么将其纳入证券监管范畴。我国监管部门已将ICO定性为未经批准、非法公开融资的行为，虽基于区块链技术得以发展，在某种程度上可视为区块链的衍生物，但其可能涉嫌非法发售代币票券、非法发行证券，以及非法集资、金融诈骗、传销等违法犯罪活动。因此，有必要全面禁止各类代币发行融资活动，禁止各金融机构和第三方支付机构开展与代币发行融资交易相关的业务。

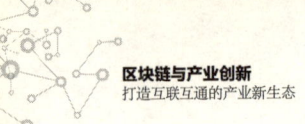

代币交易的禁止

《公告》要求,任何所谓的代币融资交易平台不得从事法定货币与代币、"虚拟货币"之间的兑换业务,不得买卖或作为中央对手方买卖代币或"虚拟货币",不得为代币或"虚拟货币"提供定价、信息中介等服务。

对于存在违法违规问题的代币融资交易平台,金融管理部门将提请电信主管部门依法关闭其网站平台及移动 App,提请网信部门对移动 App 在应用商店做下架处置,并提请工商管理部门依法吊销其营业执照。

金融服务的限制

《公告》指出,各级金融机构和非银行支付机构不得直接或间接为代币发行融资和"虚拟货币"提供账户开立、登记、交易、清算、结算等产品或服务,不得承保与代币及"虚拟货币"相关的保险业务,或将代币及"虚拟货币"纳入保险责任范围;金融机构和非银行支付机构发现代币发行融资交易违法违规线索的,应当及时向有关部门报告。

7.3 对风险集资提示的解读

2018 年 8 月 24 日,银保监会、中央网信办、公安部、中国人民银行和市场监管总局联合发布了《关于防范以"虚拟货币""区块链"名义进行风险集资的风险提示》(以下简称《提示》),指出一些不法分子以"金融创新"和"区块链"为名,通过发行"虚拟货币""虚拟资产""数字资产"等方式吸收资金,并非真正基于区块链技术,而是炒作区块链概念,行非法集资、传销、诈骗之实。

《提示》并未否认区块链技术的价值,并对假借区块链旗号的违法活动和真正的区块链技术进行了明确的区分。其意在打击各类假借区块链旗号的违法犯罪行为,并不涉及对区块链相关金融创新的管理。

因此,《提示》所打击的行为不是真正基于区块链的金融创新,而是各类假借区块链名义进行的庞氏骗局等非法集资行为。打击这些假冒区块链名义的违法犯罪行为,才能够提振民众对区块链的信心,维护市场秩序,促进真正基于区块链技术的金融创新的平稳有序发展。广大区块链团队和投资人应当脚踏实地,致力于真正基于区块链的应用与金融创新,断绝"百倍币""千倍币"一夜暴富的幻想。

7.4 对业务模式的监管

在新信息技术的冲击下,市场旧的平衡逐渐被打破,需要及时转换理念,引入新的措施,促成安全与效率、稳定与发展、创新与消费者保护之间新的平衡。监管机构应当精准、及时、全面洞悉创新业态的本质,加强穿透式监管。同时,在大数据、区块链、云计算等科技发展的基础上,应当建立合法合规、场景依托和技术驱动三位一体的风险防范体系,突出技术驱动型监管在监管中的重要作用。

具体对于主权区块链而言,在日益复杂的新金融监管环境下,监管机构应当及时甄别其不同模式下的本质,采用主权区块链,加速重构传统监管模式,提升科技监管能力,防范涉众金融风险,加强针对性的监管。同时,如《提示》所指出,坚决打击违法犯罪,防范系统性风险,引导创新模式服务于实体经济,造福人民。

基于主权区块链构建的监管平台，每个节点都有自主权利。监管机构对每个节点的账户信息有依法进行实名化穿透式管理的特权，司法部门对特定账户内的资产具有进行冻结的特权；对于显失公平或存在违法问题的交易，监管机构有予以撤销或强制停止的权利。监管区块链应用不仅限于单链发挥作用，更需要与其他区块链应用紧密连接，结绳成网，并充分利用块数据资源，做到有效且全面的监管。

自 2018 年 4 月起，蚂蚁金服先后携手北京、广州、西安、天津等七地金融局（办），搭建基于区块链的业务监管平台，根据金融风险特征及各地方监管机构提供的专家经验建立风险模型，从企业股权、工商合规、产品经营、舆情分析、负面涉诉等多个维度进行分析，计算出相关从业金融机构的非法金融风险、业务风险及合规风险，实现风险定性后为监管部门提供处置依据。

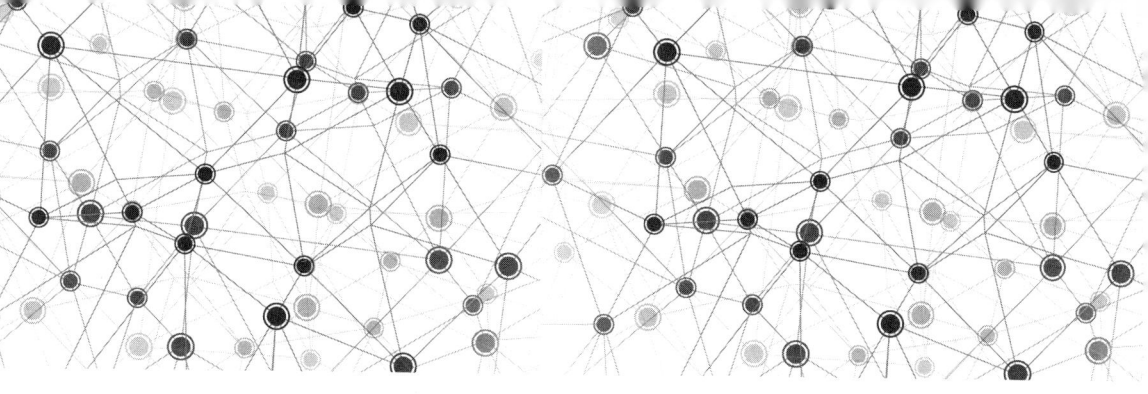

本书赞誉

这本书的立意具有创新性，体现了作者们在区块链技术落地应用及产业融合方面努力探索的成果。我希望，我国的区块链团队能运用数学、物理双自洽，起到"借天领地"的效果，逐步破解人类的各种互不信任，满足国家对网络安全的关切。

——李幼平　中国工程院院士

区块链技术能够对数据和信用进行确权认定，推动数据资源时代的大门逐步开启。区块链共识机制的创新发展，以及区块链资产的无缝流转，必将创造一系列全新的商业模式，对人类社会的发展产生超出想象的影响。本书的作者们正在朝着这个方向努力，他们将自己探索和实践的成果分享出来，值得我们认真阅读。

——郑志明　中国科学院院士

区块链是价值互联网的基石、全民信任的基础，备受国内外瞩目。其发展需要时间的积淀，没有捷径可走。业界只能脚踏实地地进行技术研发，更好地服务实体经济。否则，区块链技术的价值将难以体现。区块链作为重庆"双创"的重要支撑，得到了重庆市委市政府的高度重视。《区块链与产业创新》立足于区块链与产业融合创新,分析了区块链为实体经济服务的部分优秀案例,对培育发展重庆的区块链产业具有很高的参考价值。我希望此书能给读者带来全新的认识和思考,也希望业界同仁不断探索实践,把区块链技术真正应用到实体经济中。我相信必将有大体量的重量级应用场景出现,为我国经济的改革创新贡献力量。

——罗　林　重庆市渝中区经济和信息化委员会副书记
重庆市区块链产业创新基地建设工作小组组长

未来已来,区块链如约而至。在当前科技重大变革的时代,区块链作为集合了模式、机制等多维度价值的技术独树一帜,成为备受业界瞩目的热点。《区块链与产业创新》一书围绕区块链技术的发展现状及挑战、构建产业生态、应用融合等方面系统地阐述了区块链的特性;从价值关系重构、创新推动的角度对区块链技术做了系统性研究;以明晰、敏锐的视角准确地把握了新技术同实体经济结合,服务全社会系统健康运行的关系。

——刘小龙　原贵阳市政府副秘书长
原贵阳区块链发展和应用指挥部常务副指挥长

区块链技术的落地应用是学术界和企业界都在关注的问题,本书的几位作者正是抓住了这个问题,并深入做了大量的工作。他们力图在当前呼吁用区块链赋能实体经济的环境下,为实现区块链技术与产业融合、促进产业创新发挥自己的力量。

——刘　权　赛迪网络空间研究所所长
区块链研究院院长

区块链是基础技术,也正在带来产业体系的根本变革。本书全面且具体地讨论了区块链技术、产业落地案例和未来发展生态。作者从网络层、区块层、数据层、价值层和合约层的实施应用，到物联网、云计算、大数据和人工智能的融合创新，都做了大量且深入的探讨，对研究人员和产业从业者都很有启发。

——邱东晓　清华大学数据科学研究院案例研究室主任

区块链目前面临的主要问题是如何找到更好的应用，与产业结合，促成项目落地。这本书不仅从理论上阐述了区块链的技术发展与前景，还提供了大量与产业结合的案例，非常值得我们阅读。

——刘晓蕾　北京大学光华管理学院金融系主任
区块链实验室主任

如何将区块链与实体经济深度融合，如果你还在迷茫，那就阅读本书吧。

——何宝宏　中国信息通信研究院云计算与大数据研究所所长

区块链技术因比特币引起广泛关注，但远远不是只有比特币一个应用。产业创新是企业群落的创新集合，要想促进企业集群的发展，就需要一个更大的推动力。而链能经济就是很好的推动力，让区块链赋能实体经济，不仅可以降本增效，优化内部治理结构，还可以构建企业与消费者价值共创的新生态。本书不仅讲明了技术发展细节，而且站在大历史的角度向人们展示了技术革命对社会经济的巨大作用。从这个角度讲，区块链是一种巨大的革新，区块链技术的发展注定会大大促进产业创新。

——邓柯　质数链网 CEO
人民银行互联网金融协会区块链专家组成员